# Keinen Tag Arbeit

Wie Sie in 11 Schritten

Ihre Leidenschaft zum Beruf machen



Katharina van Poester

1. Auflage

It's a bittersweet symphony, this life
Trying to make ends meet,
you're a slave to the money,
then you die.

The Verve, 1997

# INHALT

# VORWORT

Wie der chinesische Philosoph Konfuzius so schön sagte: "Wähle einen Beruf, den du liebst, und du brauchst keinen Tag in deinem Leben mehr zu arbeiten." Diese Weisheit ist rund 2500 Jahre alt – und dennoch aktueller denn je. Der große Konfuzius selbst hatte eine schwierige Karriere hinter sich: Als Jugendlicher musste er seine Familie mithilfe von einfachen Arbeiten unterstützen. Später erhielt er sogar die Chance auf einen Ministerposten, den er nach nur kurzer Zeit desillusioniert wieder abgab. Sein Leben lang blieb er auf der Suche nach seiner wahren Berufung. Konfuzius war dabei bei Weitem kein egoistischer Freidenker. Im Gegenteil: Er lehrte seine Schüler, dass es wichtig ist, im Sinne des Gemeinwohls zu handeln. Für ihn war das Ausüben eines Berufs, den man tatsächlich liebt, genau das – ein Akt im Sinne des Gemeinwohls.

Die guten Neuigkeiten zuerst: Der Ausgangspunkt für dieses Buch ist keine philosophische Theorie, sondern meine persönliche Geschichte. Das bedeutet, Sie können also davon ausgehen, dass sich die Dinge, die ich Ihnen schreibe, bewährt haben – und tatsächlich zum Erfolg führen. Es bedeutet aber auch, dass ich einmal an demselben Punkt stand, an dem Sie heute stehen.

Sie stellen Ihre Berufswahl in Frage.

Das tat ich auch. Mein Berufsleben kam mir vor, wie ein Bild, das man von vorn herein falsch gemalt und dann immer wieder ausgebessert hatte, obwohl doch Betrachter und Maler gleichermaßen wussten, dass es besser wäre, ganz von vorn anzufangen. Nachdem mich das Studium auf tiefgreifende Analysen und das Lösen gesellschaftlicher Großprobleme vorbereitet hatte, trat ich in den Berufsalltag ein, der eigentlich nichts weiter war als eine endlose Aneinanderreihung einfacher Tätigkeiten und sinnloser, politisch getriebener Diskussionen. Wieso nehmen wir nicht diese Vorlage? Wir sollten das umformulieren. Auf dieser Präsentations-Folie fehlt noch ein Satz.

Wir Deutschen haben ein merkwürdiges Verhältnis zu unserem Berufsleben, finden Sie nicht? Es spielt eine große Rolle, dass wir in Vollzeit arbeiten können. Es spielt eine große Rolle, in welchem Beruf wir arbeiten. Es spielt eine große Rolle, wer unser Arbeitgeber ist. Obwohl sich die Welt längst weitergedreht hat, wird uns immer noch suggeriert, wir sollten studieren, Karriere machen, aufsteigen, in derselben Branche bleiben, im selben Beruf bleiben, am besten in einem sicheren Beruf, in einem großen Unternehmen, das auch die Nachbarn Ihrer Eltern gut genug kennen, um davon erzählen zu können.

Das deutsche Kulturgut Arbeitsplatz geht mit vielen wichtigen Annahmen einher: Das Leben als Handwerker ist hart, das Leben als Selbstständiger ist unsicher. Wieso sollten Sie Tischler werden, wenn Sie studieren können? Wieso sollten Sie 30 Stunden arbeiten, wenn Sie 40 Stunden arbeiten können?

Schleichend begann ich, all diese Annahmen, die für mich so selbstverständlich waren, in Frage zu stellen. Eine Freundin, die als Führungskraft in einer Agentur arbeitete, verriet mir beim Abendessen, dass Sie doch gern Schreinerin geworden wäre. Eine andere Freundin erzählte mir, wie sie sich vor ihrem Umfeld dafür rechtfertigen musste, dass sie ihre Wochenarbeitszeit reduzierte – ohne besonderen Grund, sondern einfach, weil sie mehr vom Leben wollte. Immer stärker erkannte ich, dass ich mit meinem Unwohlsein nicht allein war. Auch Freunde von mir stürzten sich nach dem Studium in Jobs und brachen nach den ersten Jahren anfänglicher Euphorie mit dem einen Satz heraus, der unausgesprochen in vielen von uns schlummert:

Das kann es doch jetzt nicht gewesen sein.

Wie klingt dieser Satz für Sie? Naiv? Arrogant? So klang er für mich auch. Das bedeutete aber nicht, dass ich ihn aus dem Kopf bekam. Ich fragte mich, was ich stattdessen tun wollte, statt meines bisherigen Weges, statt meiner aktuellen Tätigkeit. Und so begann ich damit, mich mit meinen Stärken und Schwächen auseinanderzusetzen – so ehrlich wie nie zuvor. Ich erkannte, dass mein aktueller Job für mich deshalb so belastend war, weil es mir eigentlich nicht lag, Meetings zu organisieren, Events zu planen und Menschen zusammenzuführen. Meine Leidenschaft war das Schreiben, das die ganze Zeit schon unbemerkt die kleine Oase in meinem Berufsalltag gewesen war, die Aufgabe, die mir wirklich Spaß gemacht hatte.

Ich stieß in dieser Auseinandersetzung also auf meine Stärken und Schwächen, begegnete aber auch den festsitzenden Annahmen, die ich über meine Eigenschaften traf: "Damit kann man kein Geld verdienen", sagte ich mir – und gab all das Gefundene erst einmal wieder auf. Wer sich jedoch einmal mit seiner Leidenschaft befasst, wird diese so schnell nicht wieder los.

Ich begann, einen Nebenjob als Ghostwriter anzunehmen und wechselte eineinhalb Jahre später in einen Vollzeitjob als Texter, während ich nebenbei eine Selbständigkeit aufbaute und mein Handwerk schärfte. Auf dem Weg dorthin begegneten mir typische Herausforderungen – einige, auf die ich vorbereitet war, andere, auf die ich nicht vorbereitet war. Am Ende dieses Weges stand ein persönlicher Triumph, der jede Mühe wert war: das Gefühl, endlich im richtigen Beruf zu arbeiten.

Für mich war dieser Weg etwas ganz Persönliches. Ich hatte mein eigenes Ziel erreicht und damit war meine Reise für mich vorerst beendet. Eine ganz gewöhnliche Facebook-Gruppe belehrte mich dann eines Besseren: In dieser Gruppe tauschten sich Frauen über Investment-Tipps und Finanzangelegenheiten aus (Sie werden später in diesem Buch noch erfahren, wieso dies für mich ein wichtiges Thema geworden ist). Hier tauchte ein Beitrag von einer verzweifelten jungen Dame auf, die sich den Mitgliedern öffnete: Sie hasste ihren Job und träume bereits lang davon, etwas mit Fotografie zu machen, wisse aber nicht, wie sie das Ganze angehen sollte. Die Dame war belastet von Existenzangst und Hilflosigkeit in Bezug darauf, welche Schritte sie gehen sollte.

Ich wusste genau, wovon Sie sprach, also bot ich ihr an, ihr per Privatnachricht zu schreiben, wie ich meinen Weg gegangen bin. Sie nahm dankend an und ich verfasste eine solche Nachricht. Als ich mich am nächsten Tag in meinen Facebook-Account einloggte, stießen mir unzählige weitere Kommentare und Nachrichten entgegen, alle adressiert an mich: "Kannst du mir auch schreiben, wie du es geschafft hast?", "Bitte kannst du es öffentlich posten? Ich bin auch total verzweifelt!", lauteten die meist sehr emotionalen Anfragen.

Ich bin den Weg damals aus einer inneren Unzufriedenheit gegangen – für mich gab es keine andere Option. Einige Dinge ergaben sich, um andere musste ich kämpfen. Einige erledigten sich wie im Schlaf, andere verursachten mir große Sorgen. Einige machten mir Angst, andere Freude. Erst jedoch, als ich in den Austausch mit anderen Betroffenen trat, begriff ich, dass dieser Weg keine Selbstverständlichkeit war, sondern der Ausweg aus einer schwierigen Situation, in der noch heute viel zu viele Menschen stecken und die wir in ihrer

Schwierigkeit unterschätzen, denn sie macht uns krank, einsam und sogar lebensmüde.

Mein Weg ist einer von vielen, den Sie gehen können, um Ihren Karriereweg zu Ihren Gunsten zu drehen. Das heißt, es gibt wahrscheinlich noch viele andere mögliche Wege, aber es gibt eben auch diesen hier.

Ich wünsche Ihnen den erforderlichen Mut, den nötigen Optimismus, ausreichend Kraft und viel Spaß dabei, diesen Weg zu gehen – und ich hoffe, er wird Ihnen genauso viel Erfolg und Lebensfreude bringen wie mir.

# Wie Sie dieses Buch lesen sollten

Am stärksten profitieren Sie von diesem Buch, wenn Sie beim Lesen einige Ratschläge befolgen. Zunächst ist dies kein Buch, dass Sie wie einen Roman von vorn bis hinten in einem Rutsch durchlesen müssen. Begreifen Sie die folgenden Seiten eher als Arbeitsbuch. Dieses Arbeitsbuch begleitet Sie behutsam durch die Schritte Ihrer beruflichen Neuorientierung hindurch. Sie müssen sich also nicht den Kopf zerbrechen – sondern einfach den einzelnen Schritten folgen.

Dabei berücksichtigt das Buch einerseits die Tatsache, dass Sie ins Handeln kommen müssen. Es enthält daher viele praktische Übungen und Tipps, mit denen Sie ordentlich vorankommen und große Fortschritte auf Ihrer Reise machen können. Andererseits berücksichtigt es auch, dass wir eben keine gefühllosen Roboter sind, die ohne Emotionen durchs Leben gehen. Aus diesem Grunde bietet Ihnen das Buch auch reichlich Hintergrundwissen über unsere Glaubenssätze, den emotionalen Umgang mit Ängsten und Risiken, ebenso wie spannende Einblicke über psychologische Phänomene, die uns unterbewusst beeinflussen.

Dieses Buch ist eine Anleitung, die Sie über Monate

hinweg begleiten soll. Ich verspreche Ihnen, dass sie Sie zu Ihrem Traumjob führen kann. Ich selbst bin diesen Weg gegangen und kann Ihnen dieses Ergebnis bestätigen. Trotzdem ist dies Ihr eigener Weg. Es kann daher sein, dass er an einigen Stellen mal weniger, mal mehr von dieser Anleitung abweicht – und das ist gut so! Nehmen Sie Ihre Entwicklung selbst in die Hand und machen Sie sie zu Ihrer Sache!

Sie werden außerdem feststellen, dass die Kapitel in ihrer Länge variieren. Dies kann daran liegen, dass einige Schritte umfangreicher begleitet werden sollten als andere – etwa der erste Schritt, in dem es darum geht, Ihr aktuelles Problem genau einzukreisen. Es kann aber auch daran liegen, dass einige Schritte mehr Anschauungsmaterial benötigen als andere – etwa der achte Schritt, in dem Sie Ihr eigenes Storytelling entwickeln und ich Ihnen einige praktische Beispiele zur Seite stelle. Um Ihren Lesefluss nicht zu stören, habe ich die Literaturquellen, die ich während meiner Recherche verwendet habe, an das Ende dieses Buches gestellt. In diesen Quellen können Sie alles noch einmal genau nachlesen. Als ich dieses Buch geschrieben habe, habe ich mir große Mühe gegeben, Sie mit allen notwendigen Informationen zu versorgen. Falls Sie dennoch das Gefühl haben, dass Ihnen etwas fehlt oder noch Fragen offen sind, schreiben Sie mir doch gern eine persönliche E-Mail (katharina.van.poester@gmail.com) und hinterlassen Sie mir gern Feedback in Form von einer Rezension.

Ein letzter Tipp von mir, bevor es ans Lesen geht: Ich möchte Ihnen ans Herz legen, ein Tagebuch zu führen, mit dessen Hilfe Sie nicht nur Ihre Übungen durchführen, sondern auch wertvolle Gedanken festhalten können. Die persönliche Reise durch die berufliche Neuorientierung wird vielleicht Ihren Blick auf Arbeit und auf das Leben an sich verändern. Dokumentieren Sie diesen Wandel! Das hilft beim täglichen Reflektieren und kann Sie darin unterstützen, zu sehen, wie weit Sie bereits gekommen sind. Sie müssen dabei nicht täglich einen langen Roman über Ihre Gedanken verfassen – fünf Minuten am Tag reichen bereits aus, um in einigen Stichworten festzuhalten, was Sie heute bewegt hat.

Ein wirklich allerletzter Tipp von mir: Finden Sie Ihren eigenen Fluss in der Sache. Auch wenn der Weg zum Ziel nicht immer leicht sein wird, so wird er für Sie eine wertvolle Reise sein, an deren Ende ein einzigartiger Preis steht: nichts Geringeres als ein erfülltes Leben. Nehmen Sie Ihre Bestrebungen also ernst, seien Sie mutig, holen Sie sich, was ihnen zusteht – und genießen Sie die Zeit auf dem Weg dorthin.

# 1 Mythos Traumjob: Naives Hirngespinst oder Notwendigkeit?

Millionen von Menschen arbeiten in einem Beruf, der ihnen keine Erfüllung bietet. Pflichtbewusst verlassen sie jeden Morgen das Haus, kämpfen sich durch ihren Tag und kehren abends zurück ins heimische Wohnzimmer. Viele tun dies jahrelang, ohne zu hinterfragen, ob sie damit das Richtige tun. Einige andere versuchen dem unguten Gefühl durch einen kleinen Jobwechsel in die Nachbarabteilung zu begegnen.

Seiner gelernten Arbeit nachzugehen, hat gerade in Deutschland einen hohen moralischen Stellenwert: Wir sind pflichtbewusste Bürger, wenn wir eine Vollzeitanstellung in einem seriösen, sicheren Beruf vorweisen können. Besonders anerkannt sind diejenigen, die bei einer großen Firma oder einem traditionsbewussten Mittelständler eine Anstellung gefunden haben. Niemand würde eine solche Beschäftigung aufgeben. Das wäre völliger Wahnsinn! Freunde, Nachbarn, Verwandte würden uns ins Gewissen reden: "Das kannst du doch nicht machen!"

Und wieso sollten wir auch? Ist es wirklich ein Problem, dass wir in unserer Arbeit keine Erfüllung finden? Arbeit soll ja auch gar nicht Spaß machen. Arbeit soll Geld in unser Portemonnaie spülen, mit dem wir wiederum unsere Freizeit so gestalten, dass sie uns Spaß macht. Eine alte Faustregel besagt etwa: 8 Stunden Arbeit am Tag, 8 Stunden Schlaf und 8 Stunden Freizeit. Das heißt: Sie haben neben der Arbeit immerhin 16 Stunden zur freien Verfügung. Und das muss doch reichen, um ein erfülltes Leben führen zu können.

Oder?

Lassen Sie mich diesen Mythos direkt zu Beginn dieses Buches entzaubern. Zunächst ist Schlaf ein biologisches Erfordernis. Ihnen steht die Zeit, die Sie mit Schlaf verbringen, also nicht zu freien Verfügung – Sie müssen (!) sie mit Schlaf verbringen. In Deutschland verbringen wir im Durchschnitt etwa 7,5 Stunden täglich mit Schlaf, wie Studien zeigen. Und die anderen 16,5 Stunden an Ihrem Tag? Sie arbeiten acht Stunden Nettozeit, denn die Mittagspause wird in der Regel nicht in die Arbeitszeit eingerechnet. Sie sind aber verpflichtet, eine Pause von mindestens 30 Minuten am Tag einzuhalten, die Ihnen nicht bezahlt wird. Damit verbringen Sie nicht acht Stunden am Tag auf der Arbeit, sondern mindestens 8,5 Stunden. Der durchschnittliche Deutsche verbringt jeden Tag außerdem rund 45 Minuten mit der Hin- und Rückfahrt zur Arbeit, wie wir weiteren Studien entnehmen können. Damit sind wir bei fast 9,5 Stunden, die wir mit der Arbeit verbringen.

Ihnen bleiben also noch sieben Stunden für Freizeit täglich. Sie fragen sich, wo all die Zeit hingeht? Nun, 2013 veröffentlichte die Hans-Böckler-Stiftung eine Studie, die zeigte, dass wir im Durchschnitt etwa 2 Stunden täglich mit unserem Haushalt verbringen, also Putzen, Einkaufen, Kochen und andere Erledigungen. So verbleiben Ihnen noch 5 Stunden am Tag. Damit können Sie  etwa ein Fünftel Ihrer Tageszeit, rund 20% am Tag, für sich selbst, Ihre Familie und Ihre Freunde aufwenden.

Falls Sie nicht das Gefühl haben, dass Ihnen so viel zur Verfügung steht, könnte es an den Dingen liegen, die Sie im Rahmen Ihres Lebensstils um sich scharen: Fernseher, Spielekonsole, Smartphone – denn wenn Sie diese besitzen, wollen Sie sich auch mit Ihnen befassen, oder? Ihr Auto muss in die Reperatur. Sie fahren in den Elektromarkt, um ein neues Spiel für Ihre PlayStation zu kaufen. Vielleicht lieben Sie es auch, sich jeden Morgen eine aufwendige Frisur und ein glamouröses Make Up zu zaubern. Feststeht: Mit all den Erledigungen, Gewohnheiten und zeitraubenden Aktivitäten haben wir das Gefühl, dass wir kaum Zeit für uns haben. Dieses Gefühl ist schließlich der Grund dafür, weshalb viele Menschen nur auf das nächste Wochenende, den nächsten Urlaub oder vielleicht sogar auf die Rente hinarbeiten.

Was lernen wir aus dieser bemerkenswerten Statistik. Mit rund 9,5 Stunden täglichem Mindestaufwand (ich bin mir sicher, einige von Ihnen arbeiten mehr als das) ist Arbeit der größte "Beschäftigungs-Block" in Ihrem Alltag. So zu tun, als würde es keine Rolle spielen, mit welcher Tätigkeit Sie diesen größten Block Ihrer Wachzeit füllen, scheint auf einmal keine gute Idee mehr zu sein. Diese Erkenntnis ist wichtig für all diejenigen unter Ihnen, die Ihrem Job gleichgültig gegenüberstehen. Und sie ist mehr als fatal, wenn Sie Ihr Job unglücklich macht.

Lassen Sie mich Ihnen dazu eine Metapher aus meinem eigenen Leben erzählen, die Ihnen vielleicht verdeutlicht, was ich meine: Seit dem 25. Lebensjahr leide ich unter Rückenschmerzen, die ich bereits mit verschiedenen Methoden zu bekämpfen versucht habe. Mein Arzt riet mir, regelmäßig Sport zu treiben, also integrierte ich jeden Morgen eine rund 45-minütige Einheit im Fitnessstudio in meinen Alltag. Nach einigen Monaten konfrontierte ich meinen Arzt mit den enttäuschenden Ergebnissen: Nichts hatte sich geändert. "Wie viele Stunden sitzen Sie jeden Tag am Schreibtisch?", fragte er mich als Reaktion darauf. "Puh", antwortete ich. "Sicher zehn Stunden." Er sah mich an. "Und dann glauben Sie, dass eine Dreiviertelstunde Sport dies ausgleichen kann?". Ich möchte Ihnen dieselbe Frage stellen: Glauben Sie, dass Ihnen ein netter dreistündiger Feierabend Ihr Lebensglück sichert, wenn Sie fast zehn Stunden am Tag mit etwas verbringen, was Sie unglücklich macht? Glauben Sie, ein erholsames Wochenende sichert Ihnen Ihr Lebensglück, wenn Sie fünf Tage in der Woche unglücklich sind? Ein zweiwöchiger Urlaub, wenn Sie die anderen fünfzig Wochen das Gefühl haben, im Hamsterrad festzustecken?

Ich möchte all diejenigen, die unglücklich in Ihrem Job sind, auf ein Gedankenexperiment einladen: Stellen Sie sich vor, Sie sitzen sonntags nachmittags nicht auf der Couch und denken mit Bauchweh schon wieder daran, morgen ins Büro zu müssen. Stellen Sie sich vor, Sie müssen sich morgens nicht aus dem Bett quälen, weil Sie nicht in die Arbeit gehen wollen. Sie sitzen Dienstag vormittags nicht müde, träge und frustriert an Ihrem Schreibtisch, von dem Sie die Aufgaben langsam und demotiviert wie im Halbschlaf erledigen. Stellen Sie sich vor, Sie schauen Mittwoch nachmittags nicht auf die Uhr und beten, dass endlich Feierabend ist, stellen Sie sich vor, Sie beobachten nicht Stars, Weltentdecker, Sterneköche beim leidenschaftlichen Ausüben Ihres Jobs im Fernsehen und entwickeln eine Wut auf all die Menschen, die Ihren Traum leben. Stellen Sie sich vor, Sie müssten nicht mehr andere Menschen dafür verspotten, dass sie weniger als Sie verdienen, nur damit es Ihnen selbst nicht so wehtut, dass Sie sich für ein paar Tausend Euro mehr in Ihrem Job quälen, während andere einer erfüllenden Tätigkeit nachgehen. Stellen Sie sich vor, Sie könnten das Märchen aus Ihrer Kindheit zu Ende erzählen, in dem Sie große Ambitionen hatten, und stellen Sie sich vor, Sie könnten wahrhaftig erleben, dass es dafür noch nicht zu spät ist – egal, wie alt Sie sind.

Dieses Buch soll Ihnen dabei helfen, genau an diesen Punkt zu kommen. Es bietet Ihnen eine praxisnahe Anleitung, die ich sorgfältig auf Basis verschiedener wissenschaftlicher Erkenntnisse und meine eigenen Erfahrungen konzipiert habe. Ich kann Ihnen also versprechen: Sie funktioniert.

Trotzdem ist dieses Buch kein Heilsversprechen. Es wirkt

nicht wie ein Kraut, das Sie gegen eine Krankheit einnehmen und das Sie binnen weniger Tage von Ihrem Problemen befreien kann. Sie müssen die Reise, auf der Sie dieses Buch begleitet, selbst antreten und bewältigen, um von ihr zu profitieren. Sie werden von mir echte Ratschläge erhalten, die Sie wirklich weiterbringen werden. Aber erwarten Sie kein Buch, das Ihnen verspricht, ein komplexes Problem innerhalb von 30 Minuten zu lösen.

Stattdessen bietet Ihnen dieses Buch eine praktische Anleitung dafür, Ihrem Traumjob näher zu kommen und schließlich Ihren Lebensunterhalt damit zu verdienen – ob als Angestellter, als Selbstständiger oder als Unternehmer. Viele Menschen wissen intuitiv schon recht genau, welcher Leidenschaft sie folgen würden, wenn sie die freie Wahl hätten. Nun, die gute Nachricht ist: Sie haben die freie Wahl, selbst wenn Sie noch nicht wissen, was Ihr Traumberuf ist. Alles, was sie benötigen, um Ihre Passion zum Beruf zu machen, ist ein konkreter Plan. Den bietet Ihnen dieses Buch auf den folgenden Seiten.

Dieses Buch soll Sie bei den elf Schritten zu Ihrem Traumjob begleiten. Es wird Ihnen dabei helfen, sich selbst besser kennenzulernen: Es macht Sie mit Ihren Träumen, Wünschen und Visionen bekannt, es hilft Ihnen dabei, negative Gefühle und Sorgen über Ihren Karrierewechsel mutig zu begegnen und es feiert Ihre Erfolge mit Ihnen. Dieses Buch ist spirituell und praktisch, es ist größenwahnsinnig und ernüchternd. Es nimmt Sie an die Hand und ermutigt Sie, Ihr Schicksal selbst am Schopfe zu packen.

Wenn Sie dafür bereit sind, lassen Sie uns loslegen.

# 2 WAS HÄLT UNS DAVON AB, IM TRAUMJOB ZU ARBEITEN?

Astronaut, Tierärztin, Popsänger – wir alle erinnern uns noch ganz genau an die Traumberufe, die wir uns als Kind gewünscht haben. Laut einer Studie aus dem Jahr 2016, durchgeführt von TNS Infratest, arbeiten nur rund 18 Prozent aller Befragten in jenem Traumjob, den sie sich als Kind vorgestellt haben, laut Experteer sind es in den USA sogar nur 10%, in Österreich ist angeblich sogar jeder Dritte im falschen Job gefangen. Warum ist das ein Problem? Schließlich träumt man als Kind doch so einiges und so einiges davon ist unrealistisch. Oder? Fast. Denn so unrealistisch sind die meisten unserer Berufswünsche gar nicht. Nicht immer besteht ein Kindertraum im Astronautendasein: Arzt, Lehrer, Polizist und Tierarzt sind nur einige der Berufe, die sich Kinder und Jugendliche wünschen. Nicht unbedingt unrealistisch oder unerreichbar – dennoch setzen viele Menschen Ihre beruflichen Träume nicht in die Tat um. Doch was sind die Gründe dafür? Liegt es wirklich immer daran, dass wir irgendwann schlicht und ergreifend das Interesse an unserem Traumjob verlieren und doch lieber Sachbearbeiter werden wollen? Tatsache ist: Die

Gründe dafür, dass wir nicht im Traumjob landen, sind vielfältig.

## Die Gläserne Decke

Einer der wohl am weitesten verbreiten Gründe für unsere Berufswahl liegt tief in den sozialen Strukturen unserer Familien und unserer Gesellschaft begründet. Immer wieder lesen wir in Untersuchungen, dass Kinder von Akademikereltern häufiger ein Hochschulstudium absolvieren als Kinder, die aus einem Nicht-Akademiker-Haushalt stammen. Das Deutsche Zentrum für Hochschul- und Wissenschaftsforschung fand beispielsweise erst im Jahre 2018 heraus, dass rund 80 von 100 Kindern von Eltern mit einem Studienabschluss selbst ein Studium beginnen, während es bei Kindern von Nicht-Akademikereltern nur 27 sind. Warum ist das so? Die Gründe dafür sind sowohl finanzieller und soziokultureller Natur: Ein Studium ist teuer. Sogenannte "Arbeiterkinder" können von ihren Eltern häufig keine umfangreiche finanzielle Absicherung erhalten, die ihnen ein sorgenfreies Studentenleben beschert. Egal, ob BAföG oder Studienkredit – viele Arbeiterkinder wissen, dass sie sich wegen eines Studium verschulden müssen. Einige wollen diese Schulden vermeiden und bemühen sich um eine recht hoch vergütete Berufsausbildung. Andere sind bereit, Schulden zu machen, wollen diese aber frühzeitig tilgen können. Deshalb wählen viele von ihnen eine Berufsausbildung oder ein Studium, das ihnen einen hoch bezahlten Job verspricht. Damit treten finanzielle Motivate in den Vordergrund, während der Traumberuf in den Hintergrund rückt. Wiederum andere nehmen für die Finanzierung ihres Studiums umfangreiche Nebenjobs an. Niedrig vergütete oder gar nicht bezahlte Praktika oder ehrenamtliche Vereins-Tätigkeiten, die sie außerhalb der Hochschule dem Traumjob näherbringen oder beim Netzwerken helfen können, sind nicht drin.

Aber auch soziale Faktoren spielen eine Rolle: Ist der Vater

Anwalt, hat er oft hilfreiche Tipps, wertvolle Beziehungen und viel Fachwissen, mit dem er mit Rat und Tat zur Seite stehen kann. Ist die Mutter Ärztin, weiß sie, auf welche Fallstricke es vor, während und nach dem Studium zu achten gilt und wie sich berufliche Chancen früh vorbereiten lassen. Auf diese Vorteile können Kinder, die aus sogenannten Arbeiterfamilien stammen, nicht zurückgreifen. Noch heute bestimmen daher das Vermögen und der Beruf der Eltern die Karrierechancen ihrer Kinder. Obwohl sich in Deutschland wichtige Vereine wie Arbeiterkind e.V. dafür einsetzen, dass sich dies verändert, sind Kinder in ihren Karrierechancen immer noch stark eingeschränkt. Weit verbreitete Traumberufe wie Ärztin oder Tierarzt sind daher für einige Betroffene tatsächlich schwerer zu erreichen.

### Schnelles Geld statt langer Atem

Dazu gesellt sich oft ein Aspekt, der auch Akademikerkinder vom Verfolgen ihres Traumberufs abhält. Viele Traumberufe, die uns in jüngeren Jahren faszinieren, haben nämlich vor allem eins gemeinsam: langwierige Karrierepfade. Der Beruf des Arztes, des Anwalts, der Tierärztin oder der Pilotin sind in der Regel mit strengen Auswahlkriterien, hohen Kosten und vielen Ausbildungsjahren verbunden. Ein vollständig ausgebildeter Facharzt braucht beispielsweise rund zehn bis zwölf Jahre, bis er als Arzt wirklich frei praktizieren darf – ganz abgesehen davon, dass viele angehende Ärzte wegen zu schlechter Abiturnoten jahrelang darauf warten müssen, das Studium überhaupt beginnen zu dürfen. Und was, wenn man dann nach einigen Jahren merkt, dass das Ganze doch nichts für einen ist? So viel Risiko! Viele begnügen sich daher mit weniger: Sie sind nicht bereit, auf einen Studienplatz zu warten und die langen Jahre der Ausbildung zu investieren. Stattdessen entscheiden sie sich für verwandte Berufe wie Gesundheitsmanager oder Forschungsangestellte bei Pharma- und Medizintechnikunternehmen.

Geld sorgt auch auf ganz direktem Wege für eine konkrete Berufswahl zu ungunsten des Traumjobs. So träumen nicht nur viele davon, einmal gut bezahlte Jobs wie den Arztberuf zu ergreifen. Andere entdecken als Jugendliche Ihre Leidenschaft für ein Handwerk oder sind begabte Hobbystylisten und begeisterte Friseure, entscheiden sich jedoch trotzdem eher für Bürojobs, die ein solides Einkommen einbringen. Das Credo lautet: Sicherheit vor Leidenschaft. Dieses Verhalten ist einerseits ein vernünftiges Kalkulieren von Kosten, Nutzen, Risiko und Erfolsgaussichten. Andererseits hängt es auch eng mit einem psychologischem Phänomen zusammen, das wir "Discounting the Future" oder "Hyperbolic Discounting" nennen. Es bezeichnet unsere Präferenz für kleinere Gewinne in naher Zukunft gegenüber großen Gewinnen in ferner Zukunft; also ein eigentlich irrationales Verhalten, da wir abgesehen vom Zeitfaktor natürlich stets den größeren Gewinn bevorzugen würden. Trotzdem fällt es uns schwer, jahrelang in etwas zu investieren, was sich angeblich irgendwann auszahlen soll. Was, wenn es das nie tut? So erscheint es uns klüger, einen Weg zu wählen, der sich schneller auszahlt, auch wenn unsere Gewinne größer sein könnten, wenn wir etwas länger warten würden. Noch dazu kommt, dass wir bei unseren Entscheidungen Faktoren wie Geld schnell über unser eigenes Glück und Wohlbefinden setzen – einfach, weil es sich leichter messen lässt. Wieso sollten wir also jetzt auf bares Geld verzichten, nur, damit wir in Zukunft glücklicher sind?

### Glaubenssätze und Erziehung

Doch wieso setzen wir die Zukunft für das Jetzt aufs Spiel, wieso unser nachhaltiges Glück für schnellen Geldgewinn? Ein wesentlicher Grund dafür ist gleichzeitig Gaspedal und Bremse auf dem Weg zum Traumjob: Unsere Glaubenssätze. Wer sich mit Literatur zu Erfolg, Karriere, Motivation und Selbstmanagement befasst, wird nicht um dieses Thema herumgekommen sein. Als Glaubenssätze bezeichnen wir die tief in uns verankerten Annahmen, die wir über uns, unsere Umwelt und das Leben treffen. Sie entstehen in unserer frühestens Kindheit und bestimmen, wie wir die Welt interpretieren. Damit haben sie großen Einfluss auf unsere Entscheidungen.

Ein plakatives Beispiel dafür ist der Glaubenssatz "Ich bin schüchtern". Stellen Sie sich eine Mutter vor, die ihre kleine Tochter beim Spielen mit Nachbarskindern beobachtet. Während andere Kinder drauflos stürmen und schnell miteinander interagieren, bleibt ihr Kind zunächst zurückhaltend am Rand stehen und beobachtet die Situation. "Ihre Kleine ist wohl etwas schüchtern!", ruft eine andere Mutter liebevoll herüber. "Ja, etwas!" entgegnet die Mutter. Die anderen Mütter sollen nicht denken, dass ihre Kleine nicht mit ihren Kindern spielen will und so bereitet sie die Mütter bei der Spielgruppe am nächsten Tag ein wenig auf das Verhalten ihrer Tochter vor: "Sie ist etwas schüchtern." Die Zuordnung wiederholt sich. Die Mutter bringt es zu Hause gegenüber dem Vater auf, erwähnt es gegenüber Geschwistern "Ihr seid so unterschiedlich. Du redest so gern und deine Schwester ist so schüchtern!". Die Zuschreibung der Eigenschaft "schüchtern" taucht immer wieder auf – mit Konsequenzen. Durch die Ankündigung erwarten Außenstehende Schüchternheit, behandeln das Kind wie eine Schüchterne und das Kind hat das Gefühl, Schüchternheit wird von ihm erwartet. Mehr und mehr begreift es diese Eigenschaft als Teil seiner Identität und verhält sich dementsprechend. "Ich gehöre eher zu den Schüchternen" brennt sich ins Unterbewusstsein des Kindes ein und kann hier bis zum Erwachsenenalter bestehen bleiben. Die Auswirkungen sind vielfältig: Schließlich haben es Schüchterne schwerer, Menschen anzusprechen, vor größerem Publikum Vorträge zu halten und aus sich herauszutreten, oder? Wer nun lange und fest genug davon überzeugt ist, "zu den Schüchternen zu gehören", der geht davon aus, dass ihm diese Aufgaben besonders schwer fallen. Und so steigen in genau solchen Situationen Nervosität und Selbstzweifel an, während das Selbstbewusstsein abnimmt. Schüchterne sind gut darin, still und allein zu arbeiten, und schlecht darin, locker mit fremden Menschen umzugehen, oder? Wer sich selbst für schüchtern hält und sich dann anschaut, wie erfolgreiche Speaker wie Tim Robbins auf der Bühne lautstark ihr Publikum mitreißen, wird denken: "Dafür bin ich einfach nicht der Typ."

Was aber hat das Ganze nun mit unserem Traumberuf zu tun? Nun, so einiges. Wir tragen jede Menge Glaubenssätze in uns herum, die uns in Bezug auf unsere Berufswahl beeinflussen. So haben wir beispielsweise feste Glaubenssätze darüber, was wir erreichen können. Wenn uns beigebracht wird, dass das Leben nun einmal unfair ist und dass wir uns eben nicht aussuchen können, was wir beruflich machen können, sondern das nehmen müssen, was wir kriegen können, werden wir unsere Chancen genauso einschätzen – und das erstbeste Angebot annehmen. Wenn alle Menschen in unserer Verwandtschaft und in unserem Freundeskreis Bürojobs oder Handwerkerjobs ausüben, werden wir unterbewusst davon ausgehen, dass diese Jobs auch eher zu uns passen. Sind alle Personen in unserem Umfeld Ärzte, Anwälte und Professoren, kann es sein, dass wir nicht einmal in Betracht ziehen, Frisörin zu werden.

Viele von uns haben außerdem tiefsitzende Glaubenssätze über die Rolle unseres Berufs. Es muss schon ein Beruf sein, der sich "nach etwas anhört" – ein prestigeträchtiger Job muss her, wie steht man denn sonst im Freundeskreis da? Ein großes Unternehmen sollte es sein, das klingt gut. Oder: Wer arbeitet heute noch in großen Unternehmen? Startups sind das neue Ding!

Neben den Eigenschaften, die wir uns selbst zuordnen und dem, was wir als "angesagt" oder prestigeträchtig empfinden, haben wir auch über bestimmte Berufe Vorurteile und Glaubenssätze: Handwerker verdienen immer wenig! Mit Kunst kann man seinen Lebensunterhalt nicht verdienen. Anwälte? Alles Schmierfinken. Politiker? Alle unehrlich.

Kosmetikerinnen? Alle dumm. Wirtschaftsbosse? Alle korrupt. Und so wollen wir schließlich nicht sein.

Bemerken Sie, wie schnell sich die Zahl möglicher Berufsbilder reduziert?

Auch unsere Einstellung zu Arbeit an sich ist von bestimmten Glaubenssätzen geprägt. Zu ihnen gehören Annahmen wie "Arbeit muss nicht Spaß machen", "Lehrjahre sind keine Herrenjahre" und "Harte Arbeit stärkt den Charakter". All diese Annahmen reden uns aus, uns umzuorientieren, weil sie uns signalisieren, dass Arbeit eben nicht Spaß machen soll. Schlechte Arbeit wird sogar mit Bewunderung belohnt: Im Internet lassen sich reichlich Geschichten über stolze Erfolgstypen finden, die davon berichten, harte Arbeit und unzählige Überstunden geleistet zu haben, so genannte "All Nighter" in Kauf genommen zu haben, um nun die Karriereleiter hinaufzusteigen, in Banken, Investmentfirmen, Anwaltskanzleien. Das Durchlaufen der harten Schule von Top Tier-Beratungsfirmen, die ihren Mitarbeitern kein Wochenende und keine Feiertage gönnen, ist für einige zum Statussymbol geworden. Wer hingegen auf der Suche nach Arbeit auch gleichzeitig nach Erfüllung und Glückseligkeit sucht, wird hingegen als "Träumer" oder als "realitätsfern" bezeichnet. So haben sich in vielen gesellschaftlichen Bereichen bereits handfeste Glaubenssätze etabliert, die das Ergreifen eines echten Traumjobs erschweren.

### IM FALSCHEN JOB GELANDET – UND JETZT?

Wir haben nun verstanden, wieso viele Menschen einen anderen Karriereweg als den Karriereweg zu ihrem Traumjob einschlagen. Wieder werfen wir einen Blick auf die Studienlage: In pessimistischen Studien lesen wir, dass 92% aller Berufstätigen nicht in ihrem Traumjob arbeiten, in optimistischen Studien sind es 50%. Diese markanten

Ergebnisse werfen eine wichtige Frage auf: Wieso wechseln all diejenigen, die angeben, nicht in ihrem Traumjob zu arbeiten, nicht einfach? Auch hier geben uns Umfragen Aufschluss: Eine Studie des Stellenportals Monster zeigt, dass

> rund die Hälfte aller Unzufriedenen es sich finanziell nicht leisten kann, sofort in ihren Traumjob zu wechseln,
> rund ein Drittel nicht die Zeit hat, die nötigen Kenntnisse für den Traumjob zu erlernen,
>
> rund zehn Prozent Hilfe benötigt, weil sie sich den Schritt allein nicht trauen.

Kurzum: keine Zeit, kein Geld und kein Mut, um in den Traumjob zu wechseln. Der aktuelle Job bietet schließlich Sicherheit und sorgt dafür, dass wir unser Leben weiterführen können. Was ist daran nun so schlecht? Immerhin haben Sie einen Weg eingeschlagen, mit dem Sie eigentlich gut leben können. Ihr aktueller Beruf ist nicht unbedingt ein Traumberuf, aber auch keine Katastrophe. Er ermöglicht es Ihnen, Ihre Träume zu erfüllen: Haus, Auto, einen schönen Urlaub. Und dafür gehen Sie ja auch jeden Tag arbeiten, oder? Irgendetwas sollte dafür schon rausspringen. Wer hart arbeitet, möchte sich auch etwas leisten können.

Willkommen im Hamsterrad.

Rund ein Drittel des monatlichen Nettogehalts der Deutschen fließt durchschnittlich in die Miete. Hinzu kommen andere Fixkosten wie Versicherungen, Altersvorsorge und der kleine Luxus: Handyverträge, Abonnements, das Fitnessstudio. Schnell sind unsere festen monatlichen Ausgaben so in die Höhe getrieben, dass wir ein stattliches Gehalt beziehen müssen. Je höher die monatlichen Ausgaben, desto schöner wäre sogar ein noch höheres Gehalt, denn so hätten Sie ein bisschen Freiheit und könnten sich vielleicht etwas mehr zurücklegen.

Und so bemühen wir uns, noch ein, zwei, vielleicht fünf Jahre lang am Ball zu bleiben und viel Energie in unseren aktuellen Job zu investieren. Der Lohn dafür ist die eine oder andere Gehaltserhöhung, die uns dann einen noch schöneren Lebensstil beschert. Was wir oft nicht verstehen: Mit jeder Gehaltserhöhung steigt die Abhängigkeit von Gehalt und Job.

Dies liegt einerseits daran, dass sich unsere Ausgaben schnell der Höhe unseres Gehalts anpassen, wie das Parkinsonsche Gesetz erklärt. Andererseits wird mit jedem Euro, den wir mehr verdienen, und jedem Jahr, das wir mehr in unserem aktuellen Job verbringen, der Sprung zum Traumjob größer und damit anstrengender. Wir arbeiten uns in unserem aktuellen Job nach oben, übernehmen mehr Verantwortung, haben weniger Zeit, um nach rechts oder links zu schauen. Sind wir im aktuellen Job eine erfolgreiche, gut bezahlte Führungskraft, würden wir wohl kaum in unseren Traumjob wechseln und dort als niedrig bezahlter Anfänger arbeiten.

Das erklärt die Ergebnisse der oben beschriebenen Umfrage genau: Einige können es sich finanziell nicht leisten, einige haben keine Zeit, die nötigen Kenntnisse zu erlernen, und einige trauen sich nicht, weil der Schritt aus dem aktuellen Job zu groß und die Konsequenzen der Veränderung unabsehbar sind. Denkbar sind außerdem weitere Gründe: Einige halten sich für zu alt, um zu wechseln. Andere berufen sich auf die Unsicherheit: Woher soll man schließlich wissen, ob der "Traumjob" wirklich so traumhaft ist? Vielleicht lohnt sich der Schritt ja gar nicht. Dann doch lieber nehmen, was man hat.

# 3 WIESO SOLLTEN WIR IN UNSEREM TRAUMJOB ARBEITEN?

Aber jetzt mal ehrlich: Wie wir nun gelernt haben, arbeiten die meisten Menschen nicht in ihrem Traumjob und es gibt scheinbar auch jede Menge nachvollziehbarer Gründe, warum dies so ist. Warum also nicht einfach akzeptieren, dass nun einmal nicht jeder seiner Passion folgen kann?

## WAS BEDEUTET EIGENTLICH "TRAUMJOB"?

Um diese Frage zu beantworten, müssen wir zunächst näher auf den Begriff "Traumjob" eingehen. Was verstehen wir darunter? "Traumjob" bedeutet nicht, dass wir den ganzen Tag am weißen Strand unter Palmen liegen und die Wellen im Meer zählen sollen. "Traumjob" bedeutet ebenso wenig, dass wir einer großen, weltbedeutenden Aufgabe nachgehen müssen, die das Leben Tausender Menschen verändert. Ein Traumjob muss nicht prestigeträchtig, hochbezahlt oder außergewöhnlich sein. Im Gegenteil.

Einem Traumjob nachgehen zu können, bedeutet vor allem, dass die Tätigkeit uns Erfüllung schenkt – dass sie sich für uns “richtig” anfühlt und mit unseren Fähigkeiten und Interessen übereinstimmt. Das heißt nicht, dass uns ein Job jede Minute am Tag glücklich machen muss oder dass wir nie hart arbeiten müssen. Wir sollen hingegen Sinn in ihm finden und ihn mit Leidenschaft ausüben können. Wir sollten durch diese Tätigkeit angespornt und motiviert werden, sollten Lust haben, neue Ideen einzubringen, sollten wach und energetisch durch ihn werden. Wir sollten uns auf ihn freuen. Wie bei einem tollen Lebenspartner sollte auch unser Job bereichernd für unser Leben sein. Er sollte uns gut tun und zu unserem Wohlbefinden beitragen, uns ermöglichen, dass wir uns verwirklichen und einbringen können.

Es geht nicht primär darum, einen angenehmen, entspannten Job zu finden, bei dem man den ganzen Tag auf der faulen Haut liegen darf. Vielmehr sind wir im Traumjob in der Lage, tatsächliche Fähigkeiten und Talente auszuleben und darin Sinn zu finden, mit diesen Eigenschaften Menschen zu helfen. Es ist dabei egal, ob Sie besonders gut schreiben können, besonders gut Fotos bearbeiten, besonders gut kochen oder mit Menschen sprechen können – Ihre Fähigkeiten sind wichtig und Menschen werden diese Fähigkeit brauchen können.

Ich halte diese ausführliche Beschreibung vor allem deshalb für besonders wichtig, weil ich weiß, dass es viele Menschen gibt, die selbst noch nie in ihrem Traumberuf gearbeitet haben – und gar nicht wissen, wie genau sich eine solche Tätigkeit anfühlt. Sie fragen sich deshalb, woran sie überhaupt einen Traumjob erkennen können. Zu sehr haben sie bisher nach anderen Faktoren als der eigenen Erfüllung – etwa Geld und Prestige – ihre Berufswahl getroffen.

Die Folgen dieser Entscheidung zeigen sich bei vielen nicht sofort, sondern eher schleichend. Wir wissen wenig über diese Folgen, denn die Wissenschaft beschäftigt sich in Sachen Berufszufriedenheit eigentlich nur mit zwei Arten von Problemen: zu viel Arbeit und zu wenig Arbeit. Das eine führt zum Burnout, das andere zum sogenannten Boreout, also ein stark depressiver Zustand, der sich aus zu viel Langeweile im Beruf ergibt.

Dauerhaft in einem Job zu arbeiten, der nicht zu den eigenen tatsächlichen Fähigkeiten oder halbwegs zu den eigenen Interessen passt, kann dieselben Konsequenzen haben wie Unter- und Überforderung, weil diese Situationen mit denselben Problemen einhergeht: Wie beim Burnout und beim Boreout haben Betroffene das Gefühl, dass ihr Job gegen das eigene Wohl geht, dass sie langsam die Kontrolle über ihr Leben verlieren, dass sie nur noch funktionieren müssen. Resignation und Frustration werden zu Verbitterung und Verzweiflung, zu Traurigkeit und zu klinischen Krankheitsbildern wie einer Depression. Wie beim Burnout und beim Boreout verleugnen sich Betroffene lange selbst: "Das ist alles gar nicht so schlimm", "Mir gehts eigentlich gut", "Ich hatte nur einen schlechten Tag".

## Die Kosten des Nicht-Traumjobs

Doch nicht nur für uns selbst kann es schädlich sein, im falschen Job zu arbeiten. Auch dazu ein paar Zahlen und Fakten. Gerade wenn wir Glück nicht nur als Ergebnis von Arbeit betrachten, sondern auch als etwas, was wir auch in unsere Arbeit einbringen können – also Glücklichsein als Ressource – wird deutlich, wie viel Schaden wir durch "Dienst nach Vorschrift" anrichten können: Eine Studie der Warwick University zeigt, dass wir bis zu 12% produktiver sind, wenn wir am Arbeitsplatz glücklich sind. Ein weiterer Wissenschaftler der University of Bristol, Eugenio Proto, fasst verschiedene Studien zusammen, die weitere Vorteile des Glücklichseins bei der Arbeit zeigen: Er belegt, dass wir kreativer sind, eine erhöhte Innovationsfähigkeit aufweisen, dass sich unser Erinnerungsvermögen und unsere generelle Leistung steigert. Andere Studien zeigen, dass glückliche Mitarbeiter kooperativer arbeiten und seltener abwesend sind, und wiederum andere belegen, dass Unternehmen, in denen Mitarbeiter glücklich sind, höhere Umsätze erzielen als

Unternehmen, in denen die Mitarbeiter weniger zufrieden sind. Eine wissenschaftliche Arbeit von Münchner Forschern greift all diese Studien auf und geht sogar soweit, zu sagen, dass sich daraus wichtige Erkenntnisse für unseren gesellschaftlichen Wohlstand ableiten lassen: Das Glücklichsein von Menschen, so nehmen die Autoren an, kann unmittelbare Auswirkungen auf das Wirtschaftswachstum haben.

Ihr Lebensglück ist also keineswegs nur eine Frage Ihres eigenen, persönlichen Wohlbefindens: Das Arbeiten in einem nicht-zufriedenstellenden Beruf kostet Arbeitnehmer, Unternehmen, Krankenkassen und damit die gesamte Wirtschaft bares Geld.

In unzähligen weiteren Studien finden wir weitere Hinweise auf die Vorteile, die Zufriedenheit im Beruf haben kann: Das Gefühl der Erfüllung bringt uns Energie und motiviert uns dazu, uns stärker in den Beruf einzubringen. Dies wirkt sich besonders positiv auf die eigene Lernbereitschaft aus. Wer aus seiner Arbeit Energie gewinnt, profitiert jedoch nicht nur selbst von den positiven Effekten dieser Zufriedenheit: Er wirkt inspirierend für andere, betreibt optimistische Problemlösung und ist auch bereit, die sogenannte "Extrameile" zu gehen, also mehr zu investieren, als verabredet war – ganz einfach, weil er Freude daran hat.

Entgegen der Meinung vieler Recruiter und Vorgesetzter hängt dieses Verhalten also nicht (allein) vom Charakter eines Mitarbeiters ab. Diese Eigenschaften können nicht bei einem Vorstellungsgespräch entdeckt und dann eingefordert werden. Ob ein Mitarbeiter diese Eigenschaften abrufen und sich entsprechend verhalten kann, hängt wesentlich von den Rahmenbedingungen seines Aufgabenspektrums und seines Arbeitsplatzes ab. Passen diese nicht zu den Bedürfnissen von einer Person, wird selbst der motivierteste Mitarbeiter daran zerbrechen – oder, besser gesagt: *Gerade* die motiviertesten Mitarbeiter werden daran zerbrechen. Dementsprechend haben nicht nur Arbeitnehmer ein Interesse daran, in ihrem Traumjob arbeiten zu können: Auch Arbeitgeber profitieren am meisten von ihrem Personal, wenn sie dafür sorgen, dass ihre Mitarbeiter einer Tätigkeit nachgehen, die zu ihrer Persönlichkeit, ihren Bedürfnissen und ihren Wünschen passt.

# 4 Elf Schritte zum Traumjob

Es macht also durchaus Sinn, in seinen Traumjob zu wechseln – egal, welche Perspektive wir einnehmen. Die letzten Kapitel haben jedoch auch gezeigt, dass es uns zahlreiche Herausforderungen schwermachen, den Sprung von unserem aktuellen Job in den Traumjob zu schaffen. Da uns Sorgen häufig zuerst in den Kopf kommen, wenn wir Pläne schmieden, brechen wir das Plänemachen meist frühzeitig ab und verwerfen unsere Träume wieder. Die folgenden elf Schritte sollen genau dies verhindern. In Form eines konkreten Ablaufplans dienen sie dazu, Ihnen Sorgen und Ängste zu nehmen, weil Sie immer wissen, wie es weitergeht. Selbst wenn Sie also von Sorgen und Ängsten erfüllt sind, wird er Sie dabei unterstützen, dennoch Ihren Weg weiterzugehen. Damit kann Sie nichts aufhalten. Doch, Achtung: Der Elf-Schritte-Plan ist auch realistisch. Das bedeutet, dass er Ihnen Pflichten und Schwierigkeiten aufzeigen wird, die Sie auf dem Weg zum Erfolg meistern müssen. Sind Sie allerdings bereit dazu, sich diesen Herausforderungen zu stellen, sind Sie schon so gut wie angekommen.

## Schritt 1: Erkennen Sie, dass Sie nicht im richtigen Job arbeiten

Da Sie sich für dieses Buch entschieden haben, gehe ich davon aus, dass Ihnen Ihr Bauchgefühl bereits signalisiert hat, dass es Zeit ist für eine Veränderung. Doch seien Sie nicht zu voreilig: Es kann viele Gründe dafür geben, dass wir unseren Job wechseln wollen. Nicht alle davon haben damit zu tun, dass wir aktuell nicht in unserem Traumjob arbeiten. Es lohnt sich daher, genau hinzuschauen, denn unter Umständen haben Sie andere Probleme, die Sie eben nicht mit einem Wechsel in den Traumjob lösen können. Um sicherzugehen, dass es sich nicht um ein solches Problem handelt, sollten Sie zunächst alle anderen Gründe ausschließen können. Immerhin ist ein beruflicher Wechsel in eine andere Karrierelaufbahn tatsächlich mit einigen Risiken verbunden. Diese auf sich zu nehmen, nur um dann festzustellen, dass das eigentliche Problem immer noch nicht gelöst ist, man sich also im vermeintlichen Traumjob immer noch unwohl fühlt, benötigt Kraft und Energie, die Sie auch in die Lösung Ihres eigentlichen Problems investieren können. Es lohnt sich daher, genau unter die Lupe zu nehmen, ob nicht andere Probleme dafür sorgen, dass Sie sich danach sehnen, Ihren aktuellen Job zu verlassen.

## Sie arbeiten für das falsche Unternehmen

Viele von uns schleppen sich jeden Morgen voller Widerwillen ins Büro. Wenn wir Sonntag früh die Augen öffnen, denken wir bereits voller Grauen daran, dass wir morgen wieder den gesamten Tag an diesem schrecklichen Ort verbringen müssen. Montag früh betreten wir voller Widerwillen das grau gefärbte Werksgelände, bevor sich für acht Stunden die Türen hinter uns schließen. Tag ein, Tag aus blicken wir träge und frustriert auf die tristen Bürowände und der Höhepunkt am Tag ist der Kaffee-Klatsch mit der Kollegin in der altmodischen Kantine am Nachmittag, bei dem es hauptsächlich darum geht, was der Arbeitgeber alles falsch macht. Sie finden das ziemlich treffend? Kein Wunder, denn ich weiß, wovon ich spreche. Trotzdem war dies nicht der Grund dafür, in meinen Traumjob zu wechseln.

Das eigentliche Problem: Wir alle brauchen eine Arbeitsumgebung, die uns beflügelt. Das Unternehmen, für das wir arbeiten, gibt die übergeordnete Mission vor, für die wir täglich Zeit und Energie investieren sollen. Wer das große Ganze nicht kennt oder sich mit diesem nicht identifizieren kann, der wird sich damit schwertun, in der Erledigung kleinerer Aufgaben den Sinn zu sehen. Ein Unternehmen, das es versäumt, seinen Mitarbeiter eben jene Mission vor Augen zu führen, wird es nicht schaffen, hohe Leistungen von seinen Mitarbeitern abzurufen. In anderen Fällen passt die Mission des Unternehmens einfach nicht zu den eigenen Werten. Ihr Unternehmen hat sich vorgenommen, der größte Stromanbietern im Land zu werden. Was hat das mit Ihnen zu tun? Nichts? Wieso unterstützen Sie es dann täglich mit fünf, acht oder mehr Stunden Ihrer wertvollen Zeit? Weil er Ihnen Geld dafür zahlt? Nun, Überraschung: Das tun andere Arbeitgeber auch. Sie müssen sich daher nicht wundern, dass Sie unglücklich sind, wenn Sie die Frage danach, wieso Sie Ihren spezifischen Arbeitgeber unterstützen, nicht beantworten können.

Die Lösung: Gehen Sie einmal in sich. Stellen Sie sich Ihren Arbeitgeber wie eine Person vor, mit der Sie eine Partnerschaft führen, in der Sie nicht glücklich sind. Überlegen Sie genau: Welche Eigenschaften fallen Ihnen vielleicht doch an dem Unternehmen auf, die Ihnen positiv erscheinen? Kommt es Ihnen besonders liebenswürdig und fürsorglich vor, weil es viele Urlaubstage und eine großzügige Betriebsrente anbietet? Gut. Unterstützt er Sie in Ihrer Lebensführung abseits der Arbeit, indem er Ihnen Rabattaktionen bei Reiseanbietern, bei Friseuren oder der Stadtbibliothek ermöglicht? Vielleicht hat Ihr Arbeitgeber eine Menge Angebote, die Sie aktuell nicht nutzen. Bevor Sie ihn also verteufeln, lernen Sie das Unternehmen, für das Sie arbeiten, richtig kennen. Notieren Sie dann das, was dieses Unternehmen Ihnen Positives bietet, und das, was Sie an ihm belastet – und treffen Sie eine informierte Entscheidung darüber, ob Sie bleiben oder gehen sollen. Entscheidungskriterien sind dabei die Punkte auf Ihrer Liste – nicht Bequemlichkeit oder Angst.

### Sie arbeiten für den falschen Vorgesetzten

.Sie bringen gar keine Ideen mehr ein, da diese zwar mit Lächeln und Kopfnicken angehört, aber nie ernst genommen werden? Keine Ihrer gut durchdachten Vorschläge hat es je über das erste Gespräch hinaus geschafft. Sie sind außerdem zum sogenannten Dienst nach Vorschrift übergegangen, weil bei Ihnen im Team vor allem diejenigen befördert werden, die sich mit dem Chef gutstellen und nicht diejenigen, die tatsächlich Leistung erbringen. Immer wieder schieben Sie daher Aufgaben vor sich her, bis sie akut werden – und erledigen diese dann halbherzig. Sie finden, das beschreibt Ihre Situation ziemlich gut? Kein Wunder, denn ich weiß, wovon ich spreche. Trotzdem war dies nicht der Grund dafür, in meinen Traumjob zu wechseln.

Das eigentliche Problem: Schlechte Chefs gibt es wie Sand am Meer. Diese traurige Wahrheit wird von zahlreichen Studien offenbart, die sich bereits mit diesem Thema auseinandergesetzt haben und nachweisen, dass ein schlechter Chef sogar krank machen kann. Kann man sich überhaupt dagegen wehren? Die Antwort auf diese Frage lautet: jein.

Die Lösung: Es gibt verschiedene Strategien, um einer solchen Situation Herr zu werden. Eine davon erfordert psychologisches Fingerspitzengefühl: Finden Sie heraus, wie Ihr Chef tickt. Greift er die Ideen der anderen Mitarbeiter auf? Wenn ja, welche? Für welche Aktionen werden Sie oder andere Mitarbeiter gelobt, für welche kritisiert? Lassen Sie dabei allen Groll und inneren Ärger hinter sich, so schwer das auch ist. Sie müssen ein objektiver Beobachter werden, der sich nicht mit Sätzen wie "Na klasse, der wird mal wieder für so einen Unsinn gelobt!" ablenken lässt. Nach einer Weile des Beobachtens werden Sie herausgefunden haben, was ihm wichtig ist und auf was er förmlich allergisch reagiert. Vielleicht müssen Sie Ihre Ideen nur anders präsentieren, sich Verbündete ins Boot holen oder einen Prototypen entwickeln, der Nutzen und Machbarkeit Ihrer Ideen demonstriert. Grundsätzlich gilt: Seien Sie kreativ und optimistisch, vielleicht braucht es nur noch etwas Überzeugungsarbeit.

Eine andere Strategie ist die klassische Kritik: Sie sollten natürlich mit Ihrem Vorgesetzten zunächst das Gespräch suchen, bevor Sie die Segel streichen. Das tun Sie am besten, indem Sie all die Situationen, in denen er aus Ihrer Sicht seiner Verantwortung Ihnen gegenüber nicht gerecht geworden ist, dokumentieren, damit Sie Ihre Kritik mit konkreten Beispielen untermauern können. Überlegen Sie sich außerdem, welches Verhalten Sie sich von ihm wünschen würden, damit Sie nicht nur mit reiner Kritik an seinem Verhalten, sondern etwas Konstruktivem ins Gespräch gehen. Fragen Sie auch, was Sie selbst tun können, um das gewünschte Verhalten bei ihm zu fördern. Macht er Ihnen das Zugeständnis, sich zu ändern, nehmen Sie dies dankend an –

das ist ein großer Schritt. Falls sich danach nichts ändert, können Sie erneut ein Gespräch suchen. Und falls das wiederholt nichts bringt, sehen Sie sich heimlich, still und leise um: Vielleicht ist eine andere Abteilung in Ihrem Unternehmen die Lösung, vielleicht ein anderer Arbeitgeber, wenn Sie intern keine attraktive Alternative entdecken. Auf jeden Fall sollten Sie wegen einer negativen Erfahrung mit einem Vorgesetzten nicht an Ihrem Berufsbild als solches zweifeln. Gehen Sie den längeren Weg und versuchen Sie herauszufinden, ob Sie unter einer anderen Führungskraft besser arbeiten können. Und übrigens: Dafür muss man manchmal mehrere Frösche küssen.

### Sie arbeiten unter den falschen Rahmenbedingungen

Sie quälen sich morgens übermüdet aus dem Bett, schaffen es geradewegs pünktlich zur Arbeit und hängen den ganzen Tag durch? Spätestens um 14:30 Uhr beginnen Sie damit, im Viertelstundentakt auf die Uhr zu starren, doch die Zeiger scheinen sich kaum zu bewegen? Das einzige, was Sie wach hält, ist der Stress bei dem Gedanken daran, dass Sie nach der Arbeit noch so viel erledigen müssen? Sie finden das ziemlich treffend? Kein Wunder, denn ich weiß, wovon ich spreche. Trotzdem war dies nicht der Grund dafür, in meinen Traumjob zu wechseln.

Das eigentliche Problem: Viele Menschen sind deshalb todunglücklich in ihrem Job, weil sie schlicht und einfach nicht unter den richtigen Rahmenbedingungen arbeiten. Was bedeutet das? Nun, ganz einfach. Einige Menschen fühlen sich etwa überfordert, wenn sie den ganzen Tag von anderen Menschen umgeben sind. Sie sehnen sich nach der Möglichkeit, im Home Office arbeiten zu können, doch ihr Arbeitgeber bietet diese Möglichkeit nicht an. Andere können sich bei starker Lautstärke nicht konzentrieren, doch ihr Arbeitgeber verdammt sie zu einem Arbeitsplatz im Großraumbüro. Wiederum andere Menschen fühlen sich nach acht oder neun Stunden, die sie mit Arbeit verbringen müssen, ausgelaugt und völlig entkräftet. Sie brauchen eigentlich einen größeren Erholungszeitraum zwischen den Arbeitstagen, befinden sich allerdings in einem 40-Wochenstunden-Vertrag, den sie aus finanziellen Gründen nicht an ihre Bedürfnisse anpassen können. Nun, eins kann ich Ihnen versprechen: Zwar kann es sein, dass die Zeit für Sie wie im Flug vergeht, wenn Sie Ihrem Traumjob nachgehen. Aber auch dieser kann im Großraumbüro zu einer enormen Belastung werden, wenn Ihnen diese Arbeitsumgebung schlicht und einfach zu schaffen macht.

Die Lösung: Viele Menschen wissen gar nicht, unter welchen Bedingungen sie besonders glücklich und produktiv arbeiten. Für die meisten ist daher erst einmal akribische Spurensuche angesagt. Notieren Sie die Dinge, die Sie an Ihrer Arbeitsumgebung besonders stören, dokumentieren Sie die Zeiten, an denen Sie sich müde und erschöpft fühlen. Testen Sie außerdem kleine Strategien zur Erholung: Geht es Ihnen besser, wenn Sie jeden Nachmittag einen fünfzehnminütigen Spaziergang machen? Geht es Ihnen besser, wenn Sie Ohrenstöpsel oder lärmdämpfende Kopfhörer tragen oder sogar stundenweise in einem Einzelzimmer, etwa einem Meetingraum, allein arbeiten? Sammeln Sie Überstunden an und gehen Sie dafür an einem anderen Tag früher nach Haus, um nachzufühlen, ob es Ihnen helfen würde, Ihre Stunden zu reduzieren. Ganz wichtig: Seien Sie hier ehrlich zu sich selbst! Wenn Sie zu den vielen Menschen gehören, die mit einem 40-Stunden-und-mehr-Job nicht glücklich, sondern frustriert, ausgelaugt und krank werden, denken Sie ernsthaft über das Reduzieren Ihrer Stunden nach. Es lohnt sich, einige monatliche Fixkosten und variable Ausgaben dafür zu streichen und sich den "Luxus" einer geringeren Anzahl an Arbeitsstunden zu leisten. Für alle anderen Bedürfnisse gilt: Sprechen Sie mit Ihrem Team und Ihrem Vorgesetzten, danach vielleicht auch mit dem Personalwesen oder dem Betriebsrat Ihres Unternehmens, um die Bedingungen an Ihrem Arbeitsplatz auf Ihre Bedürfnisse anzupassen. Höhenverstellbare Schreibtische, Lärmschutz, Home Office und Möglichkeiten zum konzentrierten Arbeiten bieten viele Arbeitgeber – wenn man denn danach fragt.

### Sie arbeiten mit den falschen Menschen zusammen

Sie haben Ideen, aber keine Lust, diese mit Ihren Kollegen zu teilen, weil diese Ihre Idee entweder belächeln oder stehlen? Der Klatsch über die Scheidung des Chefs oder die Inkompetenz der Nachbarabteilung nervt Sie mindestens genauso wie belangloser Smalltalk über Wetter und Wochenendaktivitäten? Alles, was Ihr Sitznachbar tut, ist schlechte Stimmung zu verbreiten und sich über seinen Job zu beschweren, und Sie hoffen insgeheim, dass Sie den Rest des Tages einfach niemand mehr anspricht. Sie finden das ziemlich zutreffend? Kein Wunder, denn ich weiß, wovon ich spreche. Trotzdem war dies nicht der Grund dafür, in meinen Traumjob zu wechseln.

Das eigentliche Problem: Viele denken bei dem Satz "Wir sind die Summe der fünf Menschen, mit denen wir am meisten Zeit verbringen" als erstes an unser privates Umfeld – unsere fünf besten Freunde, Partner, Familienmitglieder. Aber denken Sie neu: Die meisten von uns verbringen den größten Teil Ihrer Wachzeit auf der Arbeit. Wer sind nun die fünf Menschen, mit denen Sie am meisten Zeit verbringen? Eine spannende Frage für die Beurteilung unseres Arbeitsumfeldes. Sind die Denk- und Verhaltensweisen der Personen, die uns hier umgeben, tatsächlich förderlich für unser Wohlbefinden? Einige Menschen haben etwa toxische Gewohnheiten, die uns, ohne dass wir es merken, belasten: Arbeiten Sie eng mit einer Person zusammen, die immer nur negativ über den Arbeitgeber oder die zu erledigenden Aufgaben spricht? Haben Sie viel mit Menschen zu tun, die herablassend über den Chef oder über Kollegen sprechen? Diese Negativität beeinflusst uns unterbewusst. Nicht nur sorgt sie dafür, dass auch wir unsere Wahrnehmung auf alles Schlechte in der Umgebung lenken. Sie kann auch dazu führen, dass wir in der Gegenwart dieser Menschen vorsichtig und unauthentisch werden: Zu groß ist schließlich die Angst davor, selbst verurteilt zu werden.

Es muss jedoch nicht immer bösartige Negativität sein, die Kollegen zu echten Belastungsfaktoren machen kann. Schon das Arbeiten mit Personen, die ihren Job nicht ernstnehmen, ihre Aufgaben schlampig erledigen und engagierten Mitarbeitern das Engagement schlechtreden, kann eine große Quelle von Unzufriedenheit sein. Andere Kollegen sind eher schweigsam und nicht an Kommunikation interessiert, sie bieten Ihnen also nicht die Möglichkeiten eines angenehmen sozialen Austauschs oder die Chance, voneinander zu lernen. Wiederum andere Kollegen reißen gerne derbe Witze, die unter die Gürtellinie gehen – und verbreiten damit Unbehagen.

Die Lösung: Es kann schon ziemlich zermürbend sein, wenn man Zeit mit Menschen verbringen muss, die so ganz anders sind als man selbst. Es wird wahrscheinlich nicht möglich sein, diese Kollegen zu umgehen, wenn Sie täglich mit Ihnen zusammenarbeiten müssen. Ein wenig soziale Umorientierung kann den Schmerz jedoch lindern: Suchen Sie innerhalb oder vielleicht auch außerhalb Ihrer Abteilung nach Gleichgesinnten! Dabei kann es hilfreich sein, sich in abteilungsübergreifenden Projekten und Arbeitsgruppen zu engagieren. Falls Sie auch innerhalb dieses Umfeldes keinerlei Verbündete ausmachen können oder Sie selbstständig sind, werfen Sie einen Blick auf Ihre geographische Umgebung: Gibt es in Ihrer Stadt vielleicht Meetups oder Facebook-Gruppe von Kollegen aus Ihrer Branche? Falls nicht, schauen Sie sich einmal in der nächstgrößeren Stadt um. Und Ihre Kollegen auf der Arbeit? Sie dürfen den Kontakt gern auf ein Interagieren auf der Arbeitsebene reduzieren – und sich ansonsten von Ihnen fernhalten. Vermeiden Sie längere Unterhaltungen ohne Bezug zum Job. Aber: Bleiben Sie dabei höflich und sachbezogen. Dies kann Ihnen nicht nur dabei helfen, sich weniger über jene Personen zu ärgern, sondern auch dabei, alles aus einer gesunden Distanz beobachten zu können.

## Sie leiden unter "Energievampiren" im Job

Sie beginnen Ihren Tag mit bester Motivation und sind bereit, produktiv und effizient zu arbeiten, doch schon vor dem Mittag haben Sie sich in einige sinnlose Diskussionen einwickeln lassen, haben sich vom Kollegen gegenüber Urlaubsfotos zeigen und von der Sekretärin mehrfach unterbrechen lassen. Das nervt! Deswegen sind Sie bei Lästereien über die Arbeitsbedingungen immer ganz vorn mit dabei. Um Ihre Produktivität zu steigern, greifen Sie nachmittags zur sechsten Tage Kaffee, die Kekse sollen den anstrengenden Tag etwas versüßen. Sie erledigen einige Dinge, wissen aber, dass Sie viel mehr hätten schaffen können? Sie fühlen sich matt und träge, kommen beim Abarbeiten Ihrer Aufgaben nur langsam voran? Vielleicht hilft ja ein wenig Traubenzucker und Gebäck? Am Abend fühlen Sie sich voll und gleichzeitig leer, Sie sind müde und haben dennoch den Eindruck, als hätten Sie nichts bewegt. Klingt wahrscheinlich ziemlich treffend, oder? Kein Wunder, denn ich weiß, wovon ich spreche. Trotzdem war dies nicht der Grund dafür, in meinen Traumjob zu wechseln.

Das eigentliche Problem: Sehen wir der Realität ins Auge – viele von uns leben einfach in den Arbeitstag hinein. Im Büro beginnen wir zu arbeiten, haken unsere To-Do-Listen ab und versuchen uns den Tag so angenehm wie möglich zu gestalten, mit Snacks, Gesprächen und mehr. Das Büroleben ist so eigentlich ganz einfach, oder? Nun, wieso fühlt sich dann manchmal alles so schwerfällig an? Der Grund dafür liegt auf der Hand: Ein glückliches Berufsleben zu führen ist nicht so leicht, wie es auf den ersten Blick scheint. Und daran würde auch der Wechsel in den Traumjob nichts ändern. Es ist Fakt, dass wir Menschen unsere Produktivität nicht geschenkt bekommen. Im Gegenteil: Produktivität zu erlangen und sogar zu steigern, ist eine Wissenschaft für sich. Wer sich nicht aktiv um seine Produktivität, einen erfüllenden Arbeitsfluss und damit um seine persönliche Zufriedenheit bemüht, ist schutzlos sogenannten Energievampiren ausgeliefert: Faktoren, die uns im Alltag Energie rauben. Diese Faktoren können sozialer, psychologischer und biologischer Natur sein.

Soziale Faktoren entstehen oft aus der Interaktion mit anderen. Diese können selbst- oder fremdverschuldet sein: Manchmal reißen uns andere Menschen aus unserem Arbeitsfluss, manchmal greifen wir selbst zum Handy. Uns fällt es schwer, konzentriert zu arbeiten, weil wir dafür manchmal andere Menschen abweisen und ignorieren müssen oder weil wir das Risiko eingehen müssen, spannende Gespräche zu verpassen. Dies löst in uns die Angst vor sozialer Ablehnung oder Ausgrenzung aus – deshalb gibt es auch im Job die sogenannte Fear of Missing out (kurz: FOMO), oder auf Deutsch: die Angst, etwas zu verpassen. Wir greifen deswegen häufig zum Handy, checken unsere Emails oder treiben uns auf Social Media herum, um eben immer auf dem Laufenden zu bleiben.

Darüber hinaus leiden wir unter psychologischen Energievampiren. Denn: Wer sich Sorgen macht, wütend oder verwirrt ist, kann keine gesunde Produktivität oder Zufriedenheit auf der Arbeit erreichen. Lassen wir uns auf Situationen ein, die uns negative Gedanken oder Emotionen bescheren, startet das Gedankenkarussell. Ist die Kollegin wirklich so blöd, wie alle sagen? Und wie reden die anderen hinter meinem Rücken über mich? Stimmt, der Chef ist ein echter Idiot. Er hat mich auch oft ungerecht behandelt. Stimmt, die Stimmung im Büro ist insgesamt wirklich schlechter geworden. Typische psychologische Energievampire wie Klatsch, Tratsch, Lästereien oder dem klassischen Schlechtreden der Gesamtsituation führen zwar dazu, dass wir uns mit unseren Mitmenschen verbunden fühlen (immerhin teilen wir dasselbe Schicksal und können gemeinsam darüber sprechen!). Sie signalisieren uns aber auch, dass wir uns in einer unsicheren, bedrohlichen Situation befinden.

Als drittes belasten uns biologische Energievampire. Unser Körper ist ein wahres Wunder – scheinbar mühelos schafft er es, die lebenserhaltenden Funktionen Tag ein, Tag am Laufen zu halten, ohne dass wir uns dafür besonders anstrengen müssen. Aber unser Körper ist eben auch ein komplexer biologischer Apparat, der nach bestimmten Regeln und Normen funktioniert. Dementsprechend müssen wir ihn auch behandeln. Das heißt, wir müssen ihm geben, was er braucht, um seine Aufgaben gut erledigen zu können. Befassen wir uns nicht mit seinen Bedürfnissen, müssen wir uns nicht wundern, dass Konzentration, Leistungsfähigkeit und Stimmung leiden. Und: Die Bedürfnisse des menschlichen Körpers sind vielseitig. Ausreichend Sauerstoff, gesunde Nahrung, regelmäßiges Bewegen, eine gute Körperhaltung beim Arbeiten – all das müssen Sie Ihrem Körper während der Arbeitszeit zugutekommen lassen, um ihn über den Tag hinweg am Laufen zu halten und nicht in einen Ermüdungszustand zu verfallen.

Nun, am Arbeitsplatz liegt unser Fokus leider meistens – Sie ahnen es – auf der Arbeit. Wir sind so sehr damit beschäftigt, unsere Aufgaben zu erledigen, Meetings abzuhaken und den Überblick über kommende To Dos zu behalten, dass wir die Bedürfnisse unseres Körpers oft vergessen. Wir greifen daher zu ungesunden Snacks, die unseren Insulinspiegel in die Höhe treiben, aber nicht lange Energie geben. Wir lassen Ablenkung zu, die unseren Konzentrationsfluss stört und uns somit Stress bereitet. Wir nehmen Kopf- und Rückenschmerzen in Kauf, weil wir unsere Pausen lieber sitzend als mit einem Spaziergang verbringen. Das Ergebnis? Körperlicher Stress, tägliche Ermüdung und Unzufriedenheit mit dem Arbeitsalltag.

Die Lösung: Setzen Sie in Ihrem Büroalltag klare Grenzen und schützen Sie diese. Jeder ist für seine eigene Produktivität, seine Gesundheit und seine Zufriedenheit zuständig – und sollte dafür die volle Verantwortung übernehmen. Dazu gehört etwa, sich mit ausreichend gehaltvollen Snacks am Arbeitsplatz auszustatten, sodass immer eine gesunde Alternative zu den klassischen Büro-Leckereien bereitliegt. Nehmen Sie sich etwas Zeit und lesen Sie sich in die Materie ein, um zu verstehen, welche Nährstoffe welche Wirkung auf unseren Körper haben. Welche Getränke können Sie statt Ihres geliebten Kaffees auch in großer Menge im Büro trinken? Setzen Sie sich damit auseinander, wie lange Sie am PC arbeiten sollten, bis Sie eine Pause einlegen sollten, und befassen Sie sich damit, wie Sie diese Pause am besten verbringen können. Starten Sie eine Recherche darüber, was mit Ihrer Konzentration geschieht, jedes Mal wenn andere Menschen oder Sie selbst sich ablenken. Sie werden schon beim ersten Stöbern durch die Suchergebnisse in Ihrer Suchmaschine bemerken: Das Internet ist reich gefüllt mit umfangreichen Informationen über genau dieses Thema. Wählen Sie sich unter Büchern, Blogartikeln, YouTube-Videos, Hörbüchern und Podcasts diejenigen Medien aus, mit denen Sie am schnellsten und einfachsten etwas über diese Aspekte des Büroalltags herausfinden können. Sobald Sie damit beginnen, sich in dem Bereich Produktivität, biologische Bedürfnisse und gesundes Arbeiten Wissen zuzulegen, wird in Ihnen eine Motivation aufkommen, immer mehr Tipps und Tricks umzusetzen. Nur ein gut gemeinter Ratschlag noch für die Umsetzung jener Tipps und Tricks: Probieren Sie Ihre Produktivitätshacks nach und nach aus. Nicht nur wird es Ihnen auf diese Weise leichter fallen, bestimmte Veränderungen dauerhaft umzusetzen. Auch können Sie so die tatsächlichen Effekte der einzelnen Maßnahmen besser nachvollziehen.

### Sie leiden unter "Energievampiren" abseits des Jobs

Sie versuchen bereits, mit einigen kleinen Veränderungen Ihres Arbeitstags Ihre Produktivität und damit auch Ihre Zufriedenheit zu steigern, doch fühlen Sie weiter matt und müde? Ohne unzählige Tassen Kaffee, Vitaminkapseln,

Konzentrationstees und Kopfschmerztabletten überstehen Sie den Tag einfach nicht? Nach Feierabend sind Sie völlig außer Gefecht gesetzt, fallen nur noch aufs Sofa und schalten mit dem täglichen Fernsehprogramm vom Arbeitsstress ab? Das Wochenende ist für Sie eigentlich nur dazu da, um sich durch Ihre Erledigungen zu quälen und dann regungslos auf der Couch all die Regeneration nachzuholen, die Sie unter der Woche nicht zu bekommen scheinen? Klingt wahrscheinlich auch ziemlich treffend, oder? Kein Wunder, denn ich weiß, wovon ich spreche. Trotzdem war dies nicht der Grund dafür, in meinen Traumjob zu wechseln.

Das eigentliche Problem: Es ist wahrscheinlich auch in diesem Falle nicht die Aufgabe, die Sie tagtäglich auf der Arbeit erledigen, die Sie in diese lähmende Trägheit hineinjagt. Fest steht: In den meisten Ländern hat der Gesetzgeber nicht umsonst dafür gesorgt, dass feste Ruhezeiten dringend eingehalten werden müssen. Wir brauchen jeden Tag mehrstündige Regenerationsphasen zwischen den Arbeitstagen, um uns ausreichend erholen zu können. Dasselbe gilt für einen gesetzlichen Urlaubsanspruch, den wir in vielen der wesentlichen Industrieländer finden. Wie wir diese Regenerationsphasen jedoch gestalten, schreibt uns niemand vor. Die Planung und Umsetzung unserer Regenerationsphasen unterliegt einzig unserer eigenen Kontrolle. Und genau da liegt eben häufig das Problem. Seien Sie ehrlich zu sich selbst: Wie genau planen Sie solche Phasen? Nehmen Sie sich viel Zeit, um sich ernsthaft darüber Gedanken zu machen, wie Ihre Freizeit aussehen sollte, damit Sie wirklich ausreichend regenerieren können? Eignen Sie sich regelmäßig Wissen darüber an, wie Sie vollständige Erholung in Ihrer Freizeit erreichen können? Die meisten Menschen tun dies häufig nicht. Im Gegenteil: In der Regel wird unser Terminplan – neben der Arbeit – vor allem durch unsere sozialen und häuslichen Verpflichtungen bestimmt. Schäden am Haus müssen repariert werden, Erledigungen für die Wohnung unternommen werden. Die Nachbarn feiern ein Straßenfest, die Cousine hat Geburtstag, ein alter Schulfreund heiratet. Und Sie müssen immer dabei sein, stimmt's? Hier müssen Sie dann auch ordentlich mitfeiern, selbst wenn das Ganze am nächsten Tag in einem ausgedehnten Kater resultiert, der Sie ans Bett fesselt, stimmt's? Stimmt nicht.

Die Lösung: Auch hier liegt das Ende Ihrer Probleme nicht darin, in Ihren Traumjob zu wechseln. Wenn wir uns permanent mit Energievampiren außerhalb der Arbeit umgeben, sodass wir keine Zeit haben, uns Wissen über effektive Erholung einzuholen, geschweige denn dieses Wissen anzuwenden, kann uns auch kein neuer Traumjob helfen. Im Gegenteil: Eine ungesunde Freizeitgestaltung kann dazu führen, dass wir selbst in den schönsten, spannendsten und erfüllendsten Jobs zugrunde gehen und jeden Tag ein Stück weiter ausbrennen. Sie wollen nicht jeden Tag ein Stück weiter ausbrennen? Dann gilt es, Ihre Freizeitgestaltung so ernst zu nehmen wie Ihre Arbeit. Was bedeutet das? Nun, stellen Sie sich vor, am Arbeitsplatz versucht Sie jemand mit immer mehr und mehr Verpflichtungen zu überschütten (der eine oder andere von Ihnen war sicher auch schon in dieser Situation). Wenn Sie all diese Aufgaben annehmen würden, obwohl Sie wissen, dass Sie sie nicht in der vorgegebenen Zeit bewältigen können, bleibt die Arbeit am Ende unerledigt oder sie wird fehlerhaft. Ihr Chef würde davon Wind bekommen und er würde Sie als sehr selbstlos, aber eben auch als verantwortungslos bezeichnen – immerhin ist der Job nicht gut nicht erledigt.

Nun, die gute Nachricht lautet: In der Freizeit sind Sie Ihr eigener Boss! Die schlechte lautet: Sie müssen Ihre eigenen Aufgaben beurteilen. Haben Sie einen guten Job gemacht, wenn es darum geht, Ihre Freizeit sinnvoll zu gestalten? Priorisieren Sie dafür Ihre Aufgaben in der Freizeit so, wie Sie sie in ihrem Job priorisieren würden. Wählen Sie Ihre Hauptaufgabe für Ihre Freizeit aus. Diese sollte immer Erholung und eben nicht Verpflichtung sein. Wenn Sie die Zeit mit Ihrer Familie als Verpflichtung empfinden, diese Ihnen aber wichtig ist, gestalten Sie diese Zeit so, dass Sie sie genießen können. Denken Sie gut über andere

Verpflichtungen nach: Sind Ihnen diese so wichtig, dass Sie Ihre Hauptaufgabe, die Entspannung, vernachlässigen können? Urteilen Sie nicht zu schnell! Wie wichtig ist der Geburtstag Ihrer Cousine wirklich? Um effektiv entspannen zu können, macht es auch hier wieder Sinn, sich wertvolles Wissen einzuholen: Belesen Sie sich über gutes Entspannen, Abschalten, Regenerieren – aber probieren Sie vor allem auch Dinge aus. Meditation, Yoga, Autogenes Training, Qui Gong und andere Praktiken können Ihnen genauso dabei helfen wie eine gute Ernährung, gesunder Schlaf und ähnliches. Machen Sie Ihre Hausaufgaben und beurteilen Sie dann: Bin ich in Sachen Freizeit und Regeneration so produktiv und erfolgreich wie auf der Arbeit?

Schaffen Sie außerdem tägliche kleine Freizeit-Oasen. Für einige ist dies ein morgendlicher einstündiger Spaziergang, der jeden Tag vor der Arbeit mit einem aktuellen Hörbuch stattfindet. Wenn Sie jetzt denken: "Ich habe ein Kind, wie soll ich das machen?" oder "Ich habe so einen langen Arbeitsweg, ich habe morgens keine Zeit", heißt das nicht, dass Sie diesen Ratschlag nicht befolgen können. Für jeden von uns kann so eine tägliche Erholungs-Oase anders aussehen. Ein guter Freund von mir nimmt sich jeden Tag auf der Arbeit fünfzehn Minuten Zeit, um mit seinen geräuschdämpfenden Kopfhörern klassische Musik zu hören (er schwört übrigens auf berühmte Film-Soundtracks!), die Augen zu schließen, zu entspannen und seinen Atem zu beobachten. Die Wirksamkeit solcher Rituale, die unserem Wohlbefinden – und nur dem! – dienen, kann nicht überschätzt werden. Machen Sie sich die Mühe und wählen Sie aus, wo Sie eine solche Oase unterbringen können und wie Sie sie gestalten möchten.

Der Erfolgscoach Ben Ouattara empfiehlt darüber hinaus einen "Nichts"-Tag in regelmäßigen Abständen: An solchen Tagen erlaubt er keine Erledigungen, kein Business, kein Lernen oder Bildung – verbannt also alles, was zweckgebunden ist. Ziel eines solchen Tages ist es, die über die Woche oder über den Monat gewonnen Eindrücke zu verarbeiten, nachzudenken, zu reflektieren und sich selbst zu beobachten. Die hier gewonnenen Erkenntnisse, so schwört er, bringen mehr als jede andere Anstrengung zur Selbstoptimierung und zur Erfüllung von Verpflichtungen und Erledigungen.

Übrigens: In einigen Fällen stecken hinter diesen "Energievampiren" abseits des Jobs nicht mangelnde Selbstdisziplin oder die Angst davor, auch einmal nein zu sagen. Bei einigen Menschen entstehen diese Verhaltensweisen durch mentale Probleme und vielleicht sogar einer psychologisch definierbaren Erkrankung. Achten Sie gut auf sich. Lesen Sie diesen Satz noch einmal: Achten Sie gut auf sich. Es ist Ihr Leben und Ihre Gesundheit, über die wir hier sprechen – das höchste Gut, das wir besitzen. Wenn Sie Schwierigkeiten damit haben, sich dem sozialen Trubel zu entziehen, wenn Sie unter massiven Schlafproblemen leiden oder Sie jedes Mal, wenn Sie versuchen, abzuschalten, große Traurigkeit überkommt, kann dies durch eine handfeste Depression ausgelöst sein. Wenn Sie trotz eigener Bemühungen diesen Teufelskreis nicht durchbrechen können, sprechen Sie mit Ihrem Hausarzt, einem psychologischen Dienst oder einer Beratungseinrichtung, die Ihnen kostenlose Gespräche anbieten kann.

Auch ein Hormon- oder Vitaminmangel, der entweder durch Veranlagung, eine einseitige Ernährung oder falsche Medikamente ausgelöst werden kann, kann in Ihnen entsprechende Probleme hervorrufen.

Nicht immer haben unsere Schwierigkeiten also etwas mit mangelnder Selbstdisziplin oder charakterlich bedingter Trägheit zu tun. Wenn Sie hier auf Nummer Sicher gehen wollen, sprechen Sie mit Ihrem Arzt und investieren Sie Geld in einen umfangreichen medizinischen Check-up.

## Sie haben die falschen Glaubenssätze über Arbeit

Arbeiten muss eigentlich keinen Spaß machen, schließlich geht man vor allem zur Arbeit, um Geld zu verdienen. Persönliche Interessen, Vorlieben und Schwächen haben nichts am Arbeitsplatz verloren. Extrawürste holt man sich nicht einfach so. Und so lange kein medizinischen Leiden vorliegt, fordert man auch keinen höhenverstellbaren Schreibtisch. Immerhin ist das Leben kein Ponyhof. Und wozu überhaupt die Mission des Arbeitgebers verstehen? Man muss doch nur seine Aufgabe erledigen, vielleicht noch beim Chef und den Kollegen einen guten Eindruck hinterlassen. Schlechte Chefs gibt es außerdem überall. Und wenn man kein Kind hat, wieso sollte man dann freiwillig Stunden reduzieren? Schließlich geht es doch ums Geld. Und im Laufe der Karriere geht es vor allem darum, immer mehr zu verdienen. Man will sich immerhin verbessern. Kommen Ihnen all diese Sätze bekannt vor? Haben Sie sich dabei ertappt, wie Sie diese oder ähnliche Dinge gedacht haben, als Sie die bisherigen Textstellen gelesen haben? Sie ahnen es: Ich weiß, wovon ich spreche. All dies waren meine Gedanken. Trotzdem war dies nicht der Grund dafür, in meinen Traumjob zu wechseln.

Das eigentliche Problem: Mit diesem Mindset kann Ihnen das Schicksal tatsächlich den wundervollsten Job auf die Türschwelle legen – Sie werden darin nicht glücklich werden. Wie immer im Leben werden Sie sich realistischerweise auch in Ihrem Traumjob Freiheiten herausnehmen, für Ihre Rechte einstehen oder um neue Benefits kämpfen müssen. Wer sich gebetsmühlenartig vor Augen hält, dass ein Job doch gar nicht Spaß machen muss, der hat jedoch einen hervorragenden Grund gefunden, diese Kämpfe nicht führen zu müssen. Sie bleiben unzufrieden in all den kleinen ungerechten Situationen – seien Sie verursacht durch ein zu geringes Gehalt, zu viele Überstunden oder Beförderungen und spannende Projekte, die immer an Ihnen vorbeigehen. Wenn Sie nur fest genug daran glauben, dass Arbeit nun einmal immer schlecht und ungerecht verläuft, werden Sie gut und gern annehmen, dass all diese Gegebenheiten immer und immer wieder auftauchen.

Ihre einzige Bewältigungsstrategie liegt vielleicht darin, Ihre Kollegen und Kolleginnen mit dieser Haltung anzustecken, weil Sie sich über diese Zustände beschweren. In einigen Fällen holen Sie sich von diesen Menschen vielleicht noch die Absolution: Unternehmen Ihre Kollegen nichts, müssen Sie auch nichts unternehmen. So arbeiten Sie weiterhin unter Umständen, die Sie eigentlich nicht als fair empfinden oder mit Ihren Wertevorstellungen und Bedürfnissen vereinbaren können. So halten Ihre Glaubenssätze Sie fortwährend davon ab.

Die Lösung: Nun, Sie können entweder weiterhin davon ausgehen, dass Ihnen nichts zusteht, weil Arbeit nun einmal keinen Spaß machen muss, oder Sie probieren es mit einer neuen Strategie: Fragen Sie einfach mal nach den Dingen, die Sie glücklich machen würden. Denken Sie sachlich und gezielt darüber nach, was Sie brauchen, um sich in Ihrem Job gerechter behandelt und wohler zu fühlen. Nehmen Sie sich die Zeit und malen Sie sich aus, wie die idealen Arbeitsbedingungen für Sie aussehen sollten. Aber denken Sie daran: Wählen Sie Ihre Kämpfe weise. Entscheiden Sie sorgfältig darüber, für welche Dinge Sie sich einsetzen, und erwarten Sie keine Wunder innerhalb kürzester Zeit. Verlangen Sie außerdem nicht einfach nur, sondern geben Sie Ihrem Arbeitgeber Anlass, Ihnen das Gewünschte zukommen zu lassen. Und vor allem: Ergreifen Sie alle kleinen Möglichkeiten, um es sich auf der Arbeit angenehm zu machen, verschwenden Sie keine Zeit mehr mit dem Beschweren über Kleinigkeiten, die Sie nicht ändern können, und große Dinge, die Sie sehr wohl ändern können. Beschweren und Lästern führt schließlich nur dazu, dass Sie sich den schwierigen Zustand immer und immer wieder vor Augen führen. Am Ende fühlen Sie sich sogar noch so, als hätten Sie tatsächlich etwas getan, nur weil Sie Ihre Unzufriedenheit geäußert haben.

Sie sollten diese Gewohnheit schnellstens über Bord werfen, denn, Achtung: Auch in Ihrem Traumjob wird nicht alles perfekt sein. Auch hier werden Sie mit schwierigen

Situationen und Herausforderungen konfrontiert werden, bei denen Sie für sich selbst einstehen müssen. Für Sie gilt es, das richtige Mindset zu finden, um diesen Herausforderungen positiv und eben nicht verbittert zu begegnen. Werfen Sie den Glauben daran, dass Arbeit mühsam und furchtbar ist, über Bord – und gestalten Sie Ihre Arbeitsumgebung in Ihrem Sinne mit.

### Und nun: Sie arbeiten nicht in Ihrem Traumjob

Sie sind inzwischen richtig gut in Ihrer Aufgabe geworden. Die Kollegen schätzen Sie, vom Chef hagelt es Lob. Routiniert und souverän gehen Sie jeden Tag in das Büro und verlassen es am Ende des Arbeitstages wieder. Sie sind vertraut mit allen Regeln und Normen, beherrschen das politische Spiel und haben ein gutes Netzwerk. Ihr Lebenslauf ist aalglatt und Sie haben viel dafür getan, um an diesen Punkt zu gelangen. Nur die Perfektion Ihrer Aufgabe fällt Ihnen schwer: Nach dem Feierabend lesen Sie keine Bücher zum Thema, Sie vertiefen sich nicht in TED Talks und Konferenzvorträge, sondern verbringen Ihre Zeit mit allem Anderen. Sie erledigen Ihre Aufgaben im Job gewissenhaft, aber nicht meisterhaft. Sie kennen nicht die Pioniere Ihrer Disziplin und Sie suchen auch nicht nach ihnen. An Ihrer Tätigkeit ist nichts Großes – und was als kleiner Funke begann, wächst irgendwann heran zu einer ausgewachsenen Lebenskrise: Dies ist nicht das, was Sie mit Ihrem Leben tun möchte. Sie ertappen sich dabei, wie Sie Dokumentationen über Aussteiger anschauen, mutige Menschen, nicht so wie Sie. Sie lesen in Foren nach. Wie fühlt es sich an, einmal ganz von vorn zu starten? Die eigene Leidenschaft leben. Sie suchen nicht nach Lösungen, Sie suchen nach Niederlagen und nach Aussagen, die beschreiben, wie schwer es ist, Sie suchen nach Scheitern, um den Funken, der ín Ihnen lodert, zu ersticken. Zu groß das Risiko, die Unsicherheit, die Planlosigkeit, wie denn das alles laufen soll. Und am nächsten Tag bringt Sie Ihre tägliche Routine zurück in das Büro.

Vielleicht heute, ohne alles wieder zu hinterfragen – so, als ob nichts gewesen wäre. Sie finden, das klingt ganz akkurat? Ich war dort.

Es schmerzt mich tief, diese Zeilen zu schreiben. Es schmerzt mich auch, sie Korrektur zu lesen. Noch heute spüre ich mit jeder Faser meines Seins die große, tiefe, schlimme Erkenntnis, auf dem Holzweg zu sein, Zeit verschwendet zu haben, Jahre verloren zu haben. Über die ersten Seiten dieses Buches haben Sie mich bisher kennengelernt: Ich bin ein hoffnungsloser Optimist. Aber dieses Gefühl?

Puh.

Dieses Gefühl speist sich aus verschiedenen kleinen Situationen, Gedanken und Emotionen. In vielen Fällen beginnt es damit, dass Ihnen Ihr Job wie eine Pflichtveranstaltung vorkommt, zu der Sie keinerlei persönlichen Bezug haben: Sie hassen ihn nicht, sie lieben ihn nicht, er ist einfach da. Sie nehmen gern bereitwillig allerlei Aufgaben an, manche sind nerviger als andere. Statt auf der Perfektion Ihrer Aufgabe liegt der Fokus stets auf großen Rahmenbedingungen: Sie arbeiten mit Fleiß auf die nächste Gehaltserhöhung hin. Wegen der Gleichgültigkeit gegenüber Ihrer Aufgabe erledigen Sie diese schlicht und einfach so, wie es Ihr Chef am liebsten hat. Damit sind Sie bisher gut zurechtgekommen. Sie ecken nie an! Aber in Ihnen bleibt eine große Leere, die sich über verschiedene Kanälen entlädt, vor allem über drei wesentliche Kanäle.

Der erste ist der Kanal der privaten Selbstverwirklichung. Nicht, dass dagegen etwas sprechen würde. Viele, die sich nach einem Traumjob sehnen, entwickeln jedoch einen ungesunden Aktionismus, um die Leere, die Sie gegenüber Ihrer Tagestätigkeit empfinden, zu kompensieren. Sie haben das Gefühl, genau jetzt ein Haus kaufen, eine größere Wohnung mieten, Nachwuchs bekommen, den Traumpartner finden, ein einnehmendes Hobby starten zu müssen. Sie beginnen mit exzessivem Shopping, um Ihre Wohnung neu zu dekorieren oder Ihren Kleiderschrank neu zu bestücken.

Ein zweiter Kanal, über den die Frustration sich oft Luft zu verschaffen versucht, ist ein entgegengesetzter: Der Kanal der persönlichen Sicherheit. Er sorgt dafür, dass wir unser Leben optimieren, indem wir uns finanziell und moralisch geißeln. Wir beginnen strenge Diäten, erstellen strikte Sparpläne und trainieren für einen Marathon. In den vergangenen Jahre hat sich die sogenannte FIRE-Bewegung (financially independent, retire early; in Deutschland eher als Frugalismus-Bewegung bekannt) durchgesetzt, bei der Menschen in jungen Jahren so sparsam und minimalistisch leben, dass sie möglichst früh in Rente gehen und nie wieder arbeiten müssen. Während die Spar- und Investitionsraten der Frugalisten mehr als beeindruckend sind, so legt ihre Grundphilosophie jedoch eine essentielles Problem offen, mit dem viele Menschen zu kämpfen haben: Sie wollen so schnell wie möglich raus aus Ihrem Job. Einige müssen das vielleicht, denn Sie nehmen eine physisch anstrengende Tätigkeit wahr, die Raubbau an Ihrem Körper betreibt. Andere hingegen wollen einfach nicht mehr arbeiten. Sie fühlen sich eingeengt von der Verpflichtung, jeden Tag aufs Neue mehrere Stunden an einem Ort verbringen zu müssen, mit eben dieser bestimmten Tätigkeit. Sie wollen frei sein und nicht mehr arbeiten müssen. Doch haben Sie sich schon einmal Gedanken darüber gemacht, was das eigentlich über Ihr Verhältnis zu Ihrem Job aussagt?

Die Lösung: Die Lösung zu genau diesem Problem wird in den folgenden Kapiteln genauer beschrieben. Für den ersten Schritt heißt es: Ruhe bewahren. Auch für dieses, sehr bedrohlich wirkende Problem gibt es Lösungen. Schmeißen Sie also nicht überstürzt hin, aber flüchten Sie sich auch nicht immer und immer wieder in kontraproduktive Gedanken, etwa dass es eh zu spät für Veränderungen sei. Stattdessen nehmen Sie das druckvolle negative Gefühl wahr und wertschätzen Sie es als deutliches Signal dafür, dass die Zeit für eine Veränderung jetzt gekommen ist. Die guten

Nachrichten sind: Sie müssen nicht von heute auf morgen ihr gesamtes Leben umwerfen und alles riskieren. Sie müssen sich nur in aller Ruhe die folgenden Seite zu Gemüte führen und einen Schritt nach dem anderen wagen.

### Das Ergebnis dieses Kapitels

Sie haben nun gelernt, festzustellen, woher genau Ihre Unzufriedenheit kommt. Dabei wurde deutlich, dass es neben dem Problem, nicht in seinem Traumjob zu arbeiten, noch eine Reihe anderer Probleme gibt, die genauso gut der Ursprung für Ihre Unzufriedenheit sein können. Für die genannten Problemfelder hat das Kapitel jeweils einige kurze Tipps und Tricks zusammengefasst, die ein erster Schritt zur Bewältigung auch der anderen genannten Probleme sein können. Schlussendlich haben Sie die Symptome kennengelernt, die darauf hindeuten, dass es für Sie tatsächlich Zeit für einen Wechsel im Karrierepfad geworden ist.

## Schritt 2: Ihre Vision eines Traumjobs

Der folgende Schritt auf Ihrer Reise bereitet Ihnen hoffentlich genauso viel Freude wie mir damals. Für mich war er zugleich Trostpflaster für das, was war, und Motor für das, was kommen sollte. Trotzdem bedarf er einiger geistiger Anstrengung, denn Sie müssen jetzt etwas tun, das Sie wahrscheinlich schon länger nicht mehr getan haben: Sie dürfen Ihre Ziele richtig hoch stecken. Und mit "richtig" meine ich *so richtig.*

### Neue Hoffnungen: Dream Big!

Denn um in das richtige Mindset für einen Karrierewechsel zu gelangen, müssen Sie eins hinter sich lassen: den Glauben daran, dass eigentlich alles schon viel zu spät ist. Das gelingt meistens nur, wenn wir diesem Glauben etwas entgegensetzen – etwas Größeres, Wertvolleres. "Wertvoller" bedeutet hier, dass der neue Glauben Ihnen mehr geben muss als der alte "Es ist zu spät"-Glauben. Und, falls Ihnen das nicht bewusst war, dieser "Es ist zu spät"-Glaube gibt uns eine Menge. Er beruhigt uns darin, dass es sich sowieso nicht lohnt, ein Risiko oder Anstrengungen einzugehen. Wir können – nein, wir müssen! – uns zurücklehnen und einfach erdulden, was uns auferlegt wurde. Schließlich ist die Entscheidung schon gefallen und nun sind wir schon viel zu lang dabei, als dass es sich noch lohnen würde, etwas zu verändern. Dieser Glaube tut uns einen weiteren großen Gefallen: Er führt uns vor Augen, was alles gut läuft. Immerhin haben wir uns im aktuellen Job ja schon so viel aufgebaut. Wir haben so viele Kenntnisse und Erfahrungen gesammelt. Ein großes Netzwerk! Das Gehalt! Es wäre doch völlig verrückt, das alles aufzugeben, oder? Falls Sie jetzt gerade wieder ins Zweifeln geraten – keine Sorge, das ist Ihr gutes Recht. Dieser Glaube ist stark und durchsetzungsfähig. Es verwundert kaum, dass er so überzeugend ist.

Um diesen Glauben ersetzen zu können, brauchen wir einen neuen Glauben, der alle seine guten Argumente überbieten kann. Dieser neue Glaube ist eigentlich nicht neu, sondern alt und wohlbekannt. Er hat uns als Kind und wahrscheinlich auch als Teenager begleitet. Zu tollen Anlässen flammt er immer einmal wieder auf, etwa wenn wir einen neuen Partner kennenlernen oder sich eine neue tolle Chance eröffnet. Bei vielen verschwindet er danach wieder tief vergraben in einer Schublade. Wir müssen ihn nun zurückholen – und wir müssen uns den Anlass, um ihn zurückzuholen, selber schaffen.

Der neue alte Glaube, den wir heraufbeschwören wollen, steht in enger Verbindung mit dem Gefühl, das wir haben, wenn wir in eine reichhaltige und spannende Zukunft blicken. Eine Art Aufbruchstimmung, gemischt mit Aufgeregtheit, Nervosität und dem Wunsch, ganz genau darüber nachzudenken, wie alles sein würde, wenn man sich die Zukunft aussuchen könnte. Dieses Gefühl brauchen wir für den Start.

## Visualisierung: Das wichtigste Werkzeug für den Anfang

Wir bedienen uns nun der Technik der Visualisierung. Wie funktioniert Visualisierung? Im Grunde genommen stellen Sie sich eine wünschenswerte Zukunft vor, in all ihren Details, und versetzen sich selbst in dieses Wunschleben hinein – und zwar so sehr, dass Sie das Erfolgsgefühl, die Euphorie und die Erleichterung, nun ein gutes Leben zu führen, wirklich spüren können. Wie wäre es, morgens aufzustehen, neben einer geliebten Person, in Ihrem Traumhaus, mit genug Geld auf dem Konto und einem tollen Job? Fühlen Sie sich in diese Situation hinein.

Was bringt das Ganze? Die Technik der Visualisierung entwickelt vor allem zwei Wirkkräfte, die psychologisch leicht erklärt werden können. Eine dieser Wirkkräfte liegt darin, dass uns die Tatsache, dass wir nun zu wissen scheinen, wie sich ein gutes Leben anfühlen würde, dazu bewegt, unsere Ziele mit Entschlossenheit zu verfolgen und bestimmte Risiken einzugehen, die wir sonst nicht in Kauf nehmen würden. Die zweite Wirkkraft trainiert Unterbewusstsein und Bewusstsein gleichermaßen, indem sie uns Orientierung gibt. Haben wir uns einmal derart emotional und intensiv mit unserem Ziel befasst, denken wir häufiger im Alltag daran. Uns kommen tagsüber kleine Ideen, uns fallen neue Dinge auf, die mit dem Ziel in Verbindung stehen, wenn wir durch die Straßen gehen. Wir sind "angesteckt" von der Idee und sie wächst in uns heran. Damit sich diese Wirkkräfte voll entfalten können, müssen Sie nur zwei Regeln beachten: 1. Träumen Sie groß und 2. spüren Sie es! Wir machen uns die Technik der Visualisierung nun in einer ersten Übung zunutze, mit der wir uns etwas Motivation für den Anfang schaffen wollen.

### Lernen Sie Ihre Szenarien kennen

Die erste Übung besteht aus drei kleineren Aufgaben, die Sie ganz in Ruhe und ohne Zeitdruck erledigen sollten. Ich bitte Sie, drei unterschiedliche fiktive Tagebucheinträge zu verfassen. Jeder dieser Tagebucheinträge stammt aus der Zukunft.

Für den ersten Eintrag nehmen Sie an, dass Ihr Jobwechsel ein Jahr zurückliegt – und alles schiefgegangen ist. Ihre Entscheidung war ein fundamentaler Fehler, der Ihrem ganzen Leben nur Unglück gebracht hat – und die Konsequenzen tragen Sie nun in allen Bereichen Ihres Lebens. Versetzen Sie sich in diese Situation hinein und malen Sie mit Worten aus, was alles Schlimmes passiert ist.

Verfassen Sie danach einen zweiten Tagebucheintrag, bei dem ebenfalls ein Jahr seit Ihrem Jobwechsel vergangen ist und Ihr Leben so gut wie nur irgendwie möglich verlaufen ist. Alle Bereiche Ihres Lebens haben sich durch diese Entscheidung positiv entwickelt und alles ist schöner, als Sie es sich je hätten vorstellen können. Der Jobwechsel war die beste Entscheidung, die Sie je getroffen haben, und Sie spüren die Früchte Ihres Mutes in jedem Teil Ihres Alltags!

Verfassen Sie zuletzt einen dritten Tagebucheintrag, der ebenfalls ein Jahr in der Zukunft liegt, aber bei dem Sie den Wechsel in einen neuen Job nicht gewagt haben. Beschreiben Sie, wie Ihr Leben in den letzten zwölf Monaten ohne den Wechsel ausgesehen hat, wie also alles wahrscheinlich weiterlaufen wird, wenn Sie keine Veränderung vornehmen.

Sie können die drei Szenarien in einem Text gestalten, können Skizzen und Zeichnungen dazu anfertigen, Fotos hinzufügen und mehr. Ihrer Kreativität sind keine Grenzen gesetzt! Wählen Sie, was auch immer Ihnen hilft, das jeweilige Szenario möglichst deutlich wahrzunehmen und nachzuvollziehen. Ein kleiner Tipp: Erstellen Sie nicht alle drei Szenarien direkt hintereinander, sondern lassen Sie zwischen jedem einzelnen der drei Einträge eine längere Pause von einigen Stunden und sogar Tagen. Das wird Ihnen dabei helfen, den nötigen Abstand zum vorher beschriebenen Szenario einzunehmen und sich voll und ganz in jedes einzelne Szenario hineinzuversetzen.

### Was sehen Sie?

Sobald Sie fertig sind, lehnen Sie sich für einen Augenblick zurück und beobachten Sie Ihre Gedanken und Gefühle, die Sie bei der Gestaltung jedes Tagebucheintrags begleitet haben. Lassen Sie uns außerdem einen Blick auf die von Ihnen erstellten Szenarien werfen. Jedes von ihnen hat eine bestimmte Funktion, die uns zum Nachdenken anregen soll.

Das negative Szenario, das davon ausgeht, dass Ihr Wechsel die falsche Entscheidung war und viele unglückliche Entwicklungen mit sich gezogen hat, dient vor allem dazu, Ihre inneren Ängste und tatsächliche Risiken aufzudecken. Gehen Sie Ihr Szenario durch: Welche Aspekte kamen Ihnen sofort in den Kopf? Welche bereiten Ihnen besonders große Sorgen?

Das zweite Szenario dient dazu, Sie in die besagte Aufbruchstimmung zu versetzen. Sie haben es sich nun erlaubt, sich vorzustellen, wie diese mutige Entscheidung Ihr Leben in allen Hinsichten positiv beeinflussen kann. Auf was freuen Sie sich besonders? Was sind die Hoffnungen, die Sie hier in richtig gute Stimmung versetzen und Lust auf Veränderungen machen?

Das dritte Szenario ist hoffentlich der Tropfen, der Ihr Fass zum Überlaufen bringt. In der Regel sind dies die kürzesten Szenarien, die Menschen bei dieser Aufgabe verfassen. Es passiert einfach nicht viel. Dabei fällt vielen auf, wie trist, eintönig und langweilig das Leben ohne die mutige Entscheidung ist, für die der erste Funke bereits längst in ihnen brennt.

Das Ziel dieser Übung ist zum einen, Sie mit den möglichen Konsequenzen Ihrer Entscheidung vertraut zu machen – auch mit den Konsequenzen der Nicht-Entscheidung. Zum anderen wollen wir das Ergebnis dieser Übung als Motor einspannen, um Ihre Vision von Ihrem Traumjob zu schärfen. Nehmen Sie sich daher noch einmal Ihr erstes Szenario vor. Hier haben Sie beschrieben, wie sich der Wechsel positiv auf Ihr Leben auswirkt. Damit haben Sie nun festgehalten, welche Hoffnungen Sie mit Ihrem Traumjob verbinden. Vielleicht bringt er Ihnen finanzielle Bereicherung, vielleicht macht er Ihr Leben spannender, weil Sie viel reisen und jede Menge Leute treffen. Vielleicht macht der Job Sie glücklich und ausgeglichen, sodass auch Ihr Privatleben und Ihre Beziehungen davon profitieren. Versuchen Sie daher, genau diese wesentlichen Hoffnungen aus Ihrem Positiv-Szenario herauszulfiltern und so konkrete Anhaltspunkte zu haben, die Sie zum Wechsel in Ihren Traumjob motivieren.

Wir lernen hier außerdem etwas über die Rahmenbedingungen, die Ihr Traumjob haben soll. Sind intensive Reisetätigkeiten oder Vereinbarkeit mit der Familie ein wichtiger Bestandteil? Wünschen Sie sich, den ganzen Tag draußen zu verbringen? Möchten Sie viel mit Menschen zu tun haben oder lieber alleine werkeln? Können Sie sich vorstellen, flexibel von zu Hause zu arbeiten oder wünschen Sie sich ein tolles Team, das jeden Tag gemeinsam mit Ihnen an kreativen Ideen bastelt? Malen Sie sich Ihre gewünschte Arbeitssituation so gut es geht aus. Und erinnern Sie sich selbst immer wieder daran: Denken Sie groß und fühlen Sie es.

## Das Ergebnis dieses Kapitels

Sie haben sich emotional in Ihren Traumjob hineingesetzt und wissen nun, auf was Sie hinarbeiten. Sie sind sich Ihrer Hoffnungen, Wünsche und Motive bewusst und sind nun voll auf Ihr Ziel gepolt. Durch die klare Visualisierung haben Sie eine reale Vorstellung davon erhalten, wie Ihr Leben und Ihr Job einmal aussehen sollen. Aus dieser Motivation heraus sind Sie dazu bereit, den nächsten Schritt zu wagen. Sie haben außerdem etwas über Ihre Ängste und befürchtete Risiken gelernt, die mit dem geplanten Jobwechsel einhergehen könnten. Das Resultat ist ein deutlich klareres Bild über Ihre Vorstellungen zur Zukunft und den Konsequenzen Ihrer möglichen Entscheidung – oder Nicht-Entscheidung.

# SCHRITT 3: ENTDECKEN SIE IHRE FÄHIGKEITEN

Kennen Sie das? Die Menschen in Ihrem Umfeld machen Ihnen für bestimmte Dinge regelmäßig Komplimente – Ihre Kochkünste, Ihre Rhetorik bei Vorträgen, Ihre Texte auf Grußkarten oder Ihre Kleiderwahl. Das alles sind Kompetenzen, die wir in unseren Alltag einbringen, innerhalb und außerhalb unseres Jobs. Die kleinen Komplimente, die wir dafür bekommen, sind jedoch weitaus mehr als Randbemerkungen, die uns den Tag versüßen. Sie sind – neben vielen anderen Dingen – wertvolle Wegweiser auf der Reise zu uns selbst. Wir verbuchen Sie oft als freundliche Nettigkeiten, mit denen unsere Kollegen, Freunde und Familienmitglieder uns ein gutes Gefühl geben wollen. Doch was machen wir aus diesem "guten Gefühl"? Oft reagieren wir mit einem verlegenen Lächeln – und lassen den Tag weiter passieren. Wie soll es Ihnen auch großartig weiterhelfen, wenn Sie von Großtante Inge mal wieder ein Kompliment für Ihr köstliches Bananenbrot bekommen?

## DAS "KLEINE GUTE GEFÜHL"

Gleiches gilt für diejenigen kleinen "guten Gefühle", die wir bei bestimmten Aufgaben spüren und bei anderen wiederum nicht: Etwas macht uns besonders viel Spaß oder geht uns besonders leicht von der Hand. Weil wir abstumpfen, um uns zu schützen und einige Dinge nicht mehr in Frage zu stellen, achten wir nicht mehr auf jene kleinen Gefühle im Alltag. Dies hilft uns dabei, Rückschlägen nicht zu viel Aufmerksam zukommen zu lassen. Es führt jedoch auch dazu, dass wir die winzigen Erfolgserlebnisse, mit denen uns das Leben im Laufe des Tages überrascht, nicht immer spüren können. Was bringt es Ihnen auch, sich mit diesen positiven Gefühlen lange aufzuhalten? Immerhin gibt es nun einmal Dinge, die einem am Arbeitsplatz mehr Spaß machen als andere. Ist doch ganz normal.

Stimmt? Nicht ganz. Heute sind diese kleinen Dingen wichtig, denn der dritte Schritt auf der Reise zu Ihrem Traumjob ist das Entdecken Ihrer Fähigkeiten. Sie werden sicher denken: Die kenne ich schon – ich bin besonders gut mit Sprachen. Vielleicht sollten Sie also Fremdsprachenkorrespondentin werden? Die schlechte Nachricht vorweg: Ganz so einfach ist es wahrscheinlich nicht. Ein wenig müssen Sie Ihre Hausaufgaben machen. Die gute Nachricht: Die folgende Übung wird der nächste Motivations-Boost.

Wieder geht es um drei konkrete Aufgaben, aus denen wir später wertvolle Informationen ziehen wollen. Der Unterschied zur ersten Übung wird Ihnen gefallen, denn dieses Mal sind wir nur an positiven Aspekten interessiert. Eine Sache hat die jetzige Übung allerdings schon mit der vorherigen gemeinsam, denn wir schreiben wieder Tagebuch. Eine wichtige Info noch vorweg: Halten Sie bei der nächsten Übung unbedingt die vorgegebene Reihenfolge ein. Sollten Sie die Aufgaben nicht in der Reihenfolge absolvieren, kann es sein, dass Sie die einzelnen Übungen nicht unvoreingenommen durchführen können, weil Sie bereits vorgeprägt sind. Den besten Effekt erhalten Sie, wenn Sie die einzelnen Aufgaben auch erst nacheinander lesen. So greifen

Sie keiner Information vor, sondern können jede Übung für sich mit voller Konzentration auf die eine Sache, die wir herausfinden wollen, absolvieren. Sind Sie bereit? Dann lassen Sie uns loslegen.

## Beobachten Sie sich selbst

Für diese Übung wird Ihr Tagebuch in den kommenden Wochen Ihr treuester Begleiter sein, denn es wird nun Zeit, sich selbst genau zu beobachten. Nehmen Sie das Tagebuch mit an Ihren Arbeitsplatz und an die Orte, die Sie in Ihrer Freizeit besuchen. Wir sind nun auf der Suche nach dem, was sich für Sie richtig anfühlt. Was bedeutet das? Die Psychologie sagt, dass wir immer dann besonders zufrieden sind, wenn unser Inneres und unser Äußeres übereinstimmen. Deswegen fallen uns Aufgaben, die für uns schwierig sind oder die wir nicht richtig beherrschen, schwerer als Aufgaben, die uns interessieren und mit unseren Werten übereinstimmen. Es gelingt uns nicht lange, eine Tätigkeit auszuüben, die uns widerstrebt. Im Gegensatz dazu gehen uns einige Aufgaben sehr leicht von der Hand – die Zeit verfliegt und wir schaffen es, uns richtig in diese Aufgabe zu vertiefen. Ist diese Aufgabe erledigt, fühlen wir uns trotz langer Arbeit zufrieden und ausgeglichen. Genau nach solchen Aufgaben suchen wir nun in Ihrem Alltag.

Es müssen dabei nicht immer anspruchsvolle oder intellektuell fordernde Aufgaben sein, wie Sie sie auf der Arbeit lesen. Beziehen Sie alle möglichen Tätigkeiten ein – vom Briefversand über das Blumengießen, bis hin zur Organisation eines Meetings, dem Schlichten eines Streits oder dem Erstellen eines Strategiepapier. Helfen Sie anderen gern dabei, eine E-Mail richtig zu formulieren, oder stellt dies eine nervige Unterbrechung für Sie dar? Verfassen Sie jedes Mal, wenn Ihnen eine Tätigkeit, bei der Sie sich wohlfühlen, auffällt, einen kleinen Beitrag in Ihrem Tagebuch. Beschreiben Sie, was Sie getan haben und welches (gute) Gefühl Sie dabei hatten. Setzen Sie jede der notierten Aktivitäten in einer Ordnung zueinander, etwa in dem Sie Ihnen Schulnoten geben, um zu sehen, welche Aktivität Ihnen nur ein wenig Spaß gemacht hat – und welche das absolute Highlight Ihres Tages war. Für diese Aufgabe, genau wie für die zwei noch Folgenden, gilt: Die Dauer dieser Übung hängt vom sogenannten Sättigungsprinzip ab. Führen Sie so lange Buch, bis Sie an einen Punkt kommen, an dem Sie das Gefühl haben, keine neuen Einblicke mehr zu erhalten, weil Sie alles, was Sie Ihnen jetzt auffällt, bereits notiert haben.

### Hören Sie anderen zu

Die zweite Aufgabe geht über uns selbst hinaus und lässt uns auf das hören, was unsere Umwelt uns spiegelt. Auf der Suche nach einem Traumjob geht es nicht allein darum, was uns Freude bereitet. Wenn wir in der Lage sind, eine Áufgabe zu erledigen, in der wir besonders gut sind, kann uns dies Wertschätzung und Erfüllung bringen. Gerade all diejenigen von uns, die aktuell einen Job ausüben, den sie nicht lieben, oder die noch gar keinen Job ausüben, bemerken oft nicht die Muster hinter den Komplimenten, die uns unsere Umgebung für bestimmte Aufgaben macht. Ihre zweite Übung besteht also in der wundervolle Aufgabe, einmal genau hinzuhören, wenn Sie jemand lobt, Ihnen eine gute Bewertung hinterlässt oder Sie positiv erwähnt. Notieren Sie all diese Dinge ebenfalls in Ihrem Tagebuch. Falls Sie kein Feedback erhalten, fragen Sie danach! Bitten Sie Ihren Chef um ein Gespräch, fragen Sie die Menschen, die Ihnen nahestehen und die Sie gut kennen. Fragen Sie Kollegen, wo Sie einen wirklich nachhaltigen Unterschied im Team machen. Welche Art von Aufgaben vertrauen Ihnen die Menschen in Ihrer Umgebung gern an? Oft liegen hier wertvolle Informationen verborgen, die auf der Suche zum perfekten Traumjob weiterhelfen können. Wichtig ist, dass Sie die Angaben wertfrei aufnehmen und erst einmal unkommentiert stehen lassen und sammeln. Betrachten Sie diese Informationen als eine Quelle von

Inspiration – nicht als absolute Wahrheit. Vielleicht war Ihnen bis jetzt nicht klar, dass Ihnen die Menschen gern beim Reden zuhören oder dass Sie besonders gut in verfahrenen Situationen zwischen verschiedenen Parteien vermitteln können.

### Finden Sie Muster für Ihre Fähigkeiten

Nach diesen beiden Übungen sollten Sie über eine beachtliche Materialsammlung verfügen, mit der Sie nun arbeiten können. Die dritte Aufgabe besteht daher darin, die Fäden zusammenzuführen. Betrachten Sie die von Ihnen gesammelten Eindrücke. Erkennen Sie Muster? Gibt es Schnittmengen zwischen den Aufgaben, die Sie gern erfüllen, und den Aussagen Ihres Umfeldes? Sie können die Aussagen in Ihrem Tagebuch einander zuordnen, indem Sie sie mit gleicher Farbe markieren oder Verbindungsstriche zwischen Ihnen ziehen.

Lassen Sie uns mit einem Beispiel arbeiten, das Ihnen dabei helfen wird, Ihre Auswertung durchzuführen. Nehmen wir an, Ihnen selbst macht das Schreiben Spaß. Auf der Arbeit genießen Sie die Aufgaben, die mit dem Verschriftlichen von Inhalten zu tun haben. Kollegen kontaktieren Sie gern, um noch einmal einen Bericht Korrektur zu lesen oder ihnen dabei zu helfen, eine Antwort auf eine offizielle Beschwerde zu formulieren. Ihr Chef attestiert Ihnen vor allem Verhandlungsgeschick: Ihnen fallen immer gute Argumente ein und Sie schaffen es, die Leute um sich herum für eine Idee zu begeistern. Ihre Mutter findet, Sie hätten schon immer eine kreative Ader gehabt. Was machen Sie jetzt daraus? Ausgangspunkt sollte selbstverständlich immer Ihr eigenes Gefühl sein: Wenn Sie sich beim Schreiben am wohlsten fühlen und hier eine wahre Leidenschaft spüren, dann sollte dies Ihr Startpunkt sein – alles Andere sind Zusatzinformationen, die Ihnen etwa Aufschluss darüber geben können, welche Art von Text Sie beruflich schreiben sollten. Da Ihnen Ihr Umfeld in diesem Beispiel Kreativität und überzeugendes Kommunikationsgeschick zuspricht, sollten Sie wohl eher kommunikative Texte, etwa für das Marketing, anstatt reiner Faktenberichte verfassen.

Nehmen wir noch ein anderes Beispiel. Stellen Sie sich vor, Sie sind leidenschaftlicher Hobbykoch. Tagsüber verbringen Sie Ihre Zeit im Büro mit tristen Alltagsaufgaben und können es kaum erwarten, nach Feierabend frische Lebensmittel einzukaufen und für sich und Ihre Freunde das tolle neue Rezept auszuprobieren, das Sie erst kürzlich im Internet gefunden haben. Mühelos bereiten Sie das tolle Mahl zu und zaubern damit Ihren Freunden ein Lächeln ins Gesicht. Sie wissen, worauf es bei einem grandiosen Menü ankommt und investieren viel Liebe zum Detail in die Perfektion Ihrer Speisen. Danach fühlen Sie sich erfüllt, müde und glücklich. Kollegen sagen Ihnen, dass sie beeindruckt davon sind, wie Sie in absolut jeder stressigen Situation stets einen kühlen Kopf bewahren. Sie wären eine tolle Leitfigur, sagen die meisten. Ihre Eltern bezeichnen Sie als einen "geborenen Entertainer". Was machen Sie nun daraus? Wir werden dieses Beispiel im nächsten Kapitel genauer betrachten, um an einem möglichst konkreten Weg erkennen zu können, wie der Übergang in den Traumjob gelingen kann.

Um diese Station Ihrer Reise erfolgreich abzuschließen, bleibt noch eins zu sagen: Nehmen Sie sich für diesen Schritt ausreichend Zeit und seien Sie nicht frustriert, wenn Sie nach zwei oder drei Wochen immer noch keinen Durchblick haben. Sich auf die Suche nach den eigenen Stärken zu machen, ist ein großes Unterfangen, das Ihnen wertvolle Hinweise darauf geben kann, was Sie mit Ihrem Leben anfangen können, um glücklich zu werden. Investieren Sie Zeit und Energie in diese spannende Exkursion – und Ihre Mühen werden belohnt werden.

### Das Ergebnis dieses Kapitels

Sie haben in diesem Kapitel gelernt, was Ihre Fähigkeiten sind und welche Tätigkeiten sich für Sie richtig anfühlen. Sie sind nun in der Lage, reflektiert über Ihre Fähigkeiten und die Aufgaben nachzudenken, die Sie gut und gern ausüben. Wahrscheinlich ist Ihnen im Laufe dieser Übung gleichzeitig aufgefallen, welche Tätigkeiten Ihnen so gar keine Freude bereiten – auch über die wissen wir nun Bescheid. Sie dienen als weiterer Anhaltspunkt auf der Suche nach dem eigenen Traumjob, dem wir im nächsten Kapitel noch ein Stück näher kommen wollen.

## SCHRITT 4: FINDEN SIE BERUFSFELDER FÜR IHRE FÄHIGKEITEN

Lassen Sie uns also zu unserem Beispiel zurückkehren. Sie sind begeisterter Hobbykoch und erhalten von Ihrem Umfeld Komplimente darüber, wie stressresistent und unterhaltend Sie sind. Im nächsten Schritt soll es darum gehen, aus diesen Anhaltspunkten etwas zu machen, was Sie Ihrem Traumjob näher bringt.

Doch wie gelingt das? Für Sie mag die spezifische Sammlung an Feedback von Ihnen selbst und Ihrem Umfeld einen ganz einfachen Schluss zulassen: Sie sollten Koch werden! Da muss man doch auch stressresistent sein, oder? Aber, um Koch zu werden, brauchen Sie eine Kochausbildung, oder? Sonst kann man in diesem Beruf schließlich nicht arbeiten. Welches Restaurant würde Sie denn einstellen ohne eine fundierte Kochausbildung? Da kann man das Ganze eigentlich gleich bleiben lassen. Oder?

### KENNEN SIE IHRE MÖGLICHKEITEN

Lassen Sie uns dieser Frage anhand des Beispiels auf den Grund gehen. Vor einiger Zeit schnappte ich ein weiteres, sehr intelligentes Zitat auf, das mir seither immer wieder im Kopf herumschwebt: Wir sind nur so frei wie die Möglichkeiten, die wir kennen. Viele Menschen, die bisher zielorientiert eine Karriere eingeschlagen und sich noch keine vertieften Gedanken über einen eventuellen Karrierewechsel gemacht haben, wissen häufig gar nicht, welche Jobs es da draußen gibt. Fakt ist: Im digitalen Zeitalter bietet das Internet reichlich Optionen, um mit seiner Leidenschaft Geld zu verdienen. Darüber hinaus wird lebenslanges Lernen immer wichtiger: IHK-, Volkshochschul- und Online-Kurse boomen mehr denn je, ebenso die Literatur zu bestimmten Themen.

Um Inspiration darüber zu sammeln, welche konkreten Berufsbilder für Ihr spezifisches Fähigkeitsprofil die passenden sind, unternehmen wir eine weitere, einfache Recherche-Übung, durch die ich Sie im Folgenden hindurchführen möchte: Gemeinsam werden wir für unseren Hobbykoch nun Beschäftigungsmöglichkeiten finden, indem wir vor allem das World Wide Web strukturiert durchkämmen. Auch diese Übung wird Sie motivieren, denn – wie unser Zitat vermuten lässt – die Möglichkeiten sind in der Regel größer als gedacht.

## Die strukturierte Recherche

Um die folgende Übung vorzubereiten, greifen Sie wieder zu Ihrem Tagebuch und beginnen Sie eine so genannte Mind Map: Platzieren Sie die Tätigkeit(en), von denen Sie herausgefunden haben, dass Sie sie gern tun in der Mitte Ihrer Seite. Von hier aus können Sie verwandte Stichwörter ableiten. Wenn Sie gern schreiben, könnten diese Stichwörter etwa "Autor", "Buch", "Bericht" oder auch "Writer", "Editor", "Redakteur" und "Texten" sein. Beim Beispiel unseres Hobbykochs können Sie Stichwörter wie "Kochen", "Kulinarik", "Essen" oder "Food" wählen. Seien Sie kreativ! Je mehr Stichwörter wir finden, desto besser. Auch hier müssen Sie nichts übers Knie brechen: Wenn Ihnen keine weiteren Begriffe mehr einfallen, lassen Sie Ihre Map einfach einen Tag liegen und versuchen Sie danach noch einmal, sie zu erweitern.

Für die Formulierung Ihrer Stichwörter gibt es dabei keine Regeln. Sie müssen also nicht konkrete Berufsbilder nennen, sondern können auch Aufgaben und Tätigkeiten aufschreiben. Lassen Sie Ihre Mindmap leben! Versehen Sie die Begriffe, die Ihnen besonders wichtig sind, mit einem farbigen Rahmen oder einer anderen Kennzeichnung, leiten Sie weitere Unterbegriffe ab und ziehen Sie Verbindungen zwischen den Stichworten. Haben Sie nach einigen Tagen das Gefühl, Sie könnten Ihrer Sammlung nichts mehr hinzufügen, ist es Zeit, Ihren tatsächlichen Möglichkeiten auf die Spur zu gehen. Dafür wenden wir uns verschiedenen Anlaufstellen im Internet zu, die uns Hinweise auf mögliche Tätigkeitsbereiche geben können.

## Konservative Jobbörsen

Konservative Online-Jobbörsen wie Stepstone, Monster, Indeed oder Experteer können eine erste, wertvolle Anlaufstelle sein, um herauszufinden, welche Berufsbilder da draußen auf Sie warten. Sie sind allerdings nicht hier, um einen konkreten Job zu suchen – Sie sind hier, um Inspiration zu sammeln. Lassen Sie also das Eingabefeld zum Ort der Anstellung frei und suchen Sie nach Ihren Stichwörtern. Unserem Hobbykoch werden dann wahrscheinlich viele Stellenangebote angezeigt, die klassische Bereiche in der Küche abdecken – Commis de Cuisine, Aushilfskoch, Souschef. Zwischen diesen gängigen Jobs werden Sie aber auch andere Berufsbilder finden, wie Redakteur im Bereich Kulinarik, Sachbearbeiter im Einkauf für Kochen, Diätassistent, Messemitarbeiter im Bereich Gastronomie, Angestellter in einem Online-Lebensmittelhandel. Ihnen wird also schnell auffallen, dass die Spanne an möglichen Tätigkeitsfelder sehr breit ist! Notieren Sie alle Berufsbilder, die für Sie halbwegs spannend sind in einer separaten Liste –

unsere Aufgabe wird es nun sein, diese zweite Liste weiter anzureichern.

### Social Media und Arbeitgeber-Bewertungsportale

Stellenbeschreibungen finden Sie auch auf Social Media-Plattformen. Portale wie LinkedIn und Xing, aber auch Facebook, bieten Ihnen eine dichte Fülle an Stellenausschreibungen von Unternehmen, die gerade offene Positionen besetzen wollen. Genauso können Sie hier aber auch Personen entdecken, die ihr Profil mit ihrer eigenen Jobbezeichnung versehen haben, oder Unternehmen und Vereine, die in bestimmten Feldern tätig sind. Bemühen Sie auch hier Ihre Suche und lassen Sie sich inspirieren. Ziehen Sie dabei auch in Betracht, bei Netzwerken wie LinkedIn und Facebook, die über einen großen Anteil an internationalen Mitgliedern verfügen, Ihre Suche englischsprachig zu halten. Neben "Kochen" und "Kulinarik" können Sie es hier also auch mit "Culinary" versuchen.

Hier finden Sie Stellenbeschreibungen wie "Corporate Culinary Partnership Manager" und "Corporate Brands Culinary Innovation Manager" – dahinter verbergen sich Berufsbilder aus dem Bereich Kulinarik, die nicht zwangsläufig eine Kochausbildung erfordern, sondern teilweise aus den Bereichen Betriebswirtschaft und Marketing stammen. Auch werden Ihnen hier Berufsbezeichnungen im Verlagswesen, etwa im Bereich Lektorat für Kochbücher, begegnen. Eine weitere Quelle für Inspiration können Arbeitgeberbewertungsportale bieten. Portale wie Glassdoor und Kununu beinhalten nicht nur ebenfalls eine Reihe von Stellenausschreibungen, sondern auch einen Überblick über spannende Arbeitgeber in der Branche. Gleichzeitig sind zusätzliche Informationen, etwa über ein ungefähres Gehalt in bestimmten Branchen und Berufsbildern, verfügbar.

### Social Media-Gruppen und freie Foren

Für jede Berufsgruppe oder Branche lassen sich zusätzlich auf den gängigen, bereits genannten Social Media-Plattformen geschlossene oder offene Gruppen finden. Hier tauschen sich Branchenkenner, Freiberufler und Interessierte offen über Beschäftigungsmöglichkeiten, Freelancing und Business-Pläne aus. Bemühen Sie auch hier die Suche nach dem Feld, das Ihre Leidenschaft geweckt hat! Bei LinkedIn kann unser Hobbykoch etwa auf Gruppen wie die "Culinary Educators Network" oder die Gruppe "Culinary Agents – F&B job matching, career building, professional networking" stoßen, in der es ganz gezielt um die Jobsuche in diesem speziellen Bereich geht. Darüber hinaus bieten auch die gängige Suchmaschinen spannende Ergebnisse, zum Beispiel zu freien Foren: In selbstorganisierten Foren aus der Branche können spezielle Infos eingeholt und auch ein eigener Forumsbeitrag erstellt werden, mit der auf die persönlich Situation aufmerksam gemacht werden kann. Setzen Sie sich doch einmal mit den Personen aus dem für Sie spannenden Tätigkeitsbereich in Verbindung – vielleicht stoßen Sie hier auf gleichgesinnte Suchende oder auf bereits erfolgreiche Quereinsteiger, die Ihnen wertvolle Ratschläge geben können.

### MINIJOB-BÖRSEN: WORKNSURF, MACHDUDAS UND FIVERR

Nun, bis hierhin gab es für Sie vielleicht keine wirklich neuen Infos. Nur die wenigsten Menschen, die sich in einem regulären 9-to-5-Job befinden, werfen allerdings einen Blick über die reguläre Arbeitswelt hinaus. Dabei bietet das Freelancertum einige spannende Tätigkeitsfelder abseits der fest etablierten Berufe. Das macht jene Börsen zu einer fantastischen Inspirationsquelle für unsere Zwecke. Auf Portalen wie Fiverr bieten Freelancer und Selbstständige etwa ihre Dienstleistungen offen an – diese reichen von Grafikdesign bis hin zu kleinen Hilfsarbeiten oder Beratungsleistungen, zum Beispiel für das Erstellen eines Lebenslaufes. Dabei sind der Kreativität und den Fähigkeiten der Anbietenden keine Grenzen gesetzt. Dementsprechend werden aufmerksame Suchende hier auch Dienstleistungen aus dem Bereich Kulinarik, Kochen und Feinkost finden. Das Kreieren von Kochvideos und Kochbüchern zu bestimmten Rezepten ebenso wie das Verfassen von Blogartikeln zum Thema zu bestimmten Rezepten sind nur einige Beispiele für Minijobs, mit denen begeisterte Hobbyköche ein Einkommen generieren können. Nehmen Sie sich ausreichend Zeit, um auf den gängigen deutsch- und englischsprachigen Portalen Inspiration für mögliche Tätigkeitsfelder zu sammeln.

### Skillshare, Udemy und co.

Einen ähnlichen Mehrwert bieten Online-Lernportale wie Skillshare und Udemy. Diese Plattformen bieten Lernvideos, die von Nutzern selbst gedreht, bearbeitet und hochgeladen wurden. Wir bleiben auch hier wieder bei unserem Beispiel. In der Kategorie "Culinary" finden Interessenten Kochvideos zu allen großen und kleinen Aspekten des Kochens – von der richtigen Verwendung verschiedener Messer bis hin zum akkuraten Zubereiten ganzer Rezepte. Wer Spezialwissen über einen bestimmten Bereich des Kochens, Lebensmittelkunde oder anderen relevanten Themen in diesem Feld hat, kann sich mit den Lernvideos verwirklichen und gleichzeitig etwas dazuverdienen. Auch hier kann unser Hobbykoch reichlich Inspiration zu möglichen Tätigkeiten aus dem Bereich Kochen und Kulinarik finden, die außerhalb der klassischen Küchenberufe liegen. Durchstöbern Sie doch einmal das verfügbare Archiv an Online-Kursen und lassen Sie sich hier inspirieren: Welche Art von Videos könnten auch Sie drehen? Welche Fähigkeiten, die Sie besitzen, sind noch nicht abgedeckt?

### Blogs, Vlogs und mehr: die volle Bandbreite des Internets

Abseits der spezifischen Plattformen hat das Internet noch mehr zu bieten, was das kreative Ausleben des eigenen

Hobbys angeht: Sämtliche freien Blogs im Web, ebenso wie Vlogs auf Youtube, können Ihnen dabei helfen, einen Weg zu finden, wie Sie mit Ihrer Leidenschaft Geld verdienen können. Foodblogger und Hobbyköche, die kleine Tipps und Tricks zur Handhabung von Küchenwerkzeug bieten, Restaurant- und Lieferdienst-Tester stehen hier neben Personen, die mit Kochboxen ein Imperium aufgebaut haben. Unser Hobbykoch kann sich außerdem auf beliebten Kochportalen umschauen, die einen eigenen Blog enthalten. Suchen diese Blogs noch freie Autoren? Beginnen Sie zu stöbern in den Nischen und Ecken Ihrer Leidenschaft! Entdecken Sie die Szene und ihre Möglichkeiten und notieren Sie alles, was auch nur halbwegs interessant für Sie ist.

### Offline-Quellen: Volkshochschule, lokale Vereine und mehr

Es muss jedoch nicht immer das Internet sein, dass Ihnen bei der Suche nach Inspiration weiterhilft. Leben Sie in einer großen oder mittelgroßen Stadt (oder zumindest in der Nähe davon), können Sie auch einen Blick auf das Angebot vor Ort werfen: Welche Vereine, Volkshochschulkurse oder Gesprächszirkel gibt es in Ihrer Stadt, bei der Menschen Ihre Leidenschaft ausüben, unterrichten oder darüber sprechen? Informieren Sie sich, schauen Sie sich Kursangebote an und treten Sie vielleicht mit Kurslehrern oder Vereinsmitgliedern in Verbindung, um sich auszutauschen. Sie werden sehen, dass Sie aus persönlichem Austausch dieser Art viele weitere tolle Ideen und hilfreiche Tipps herausziehen können.

Auch für diesen Schritt Ihres Weges gilt: Nehmen Sie sich ausreichend Zeit, in die tiefsten Winkel Ihres Interessengebiets einzutauchen und die wahren Möglichkeiten zu erkennen. Einige von diesen Möglichkeiten mögen in weiter Ferne liegen, mit anderen Tätigkeiten könnten Sie selbst sofort starten. Wichtig ist, dass Sie erkennen, wie vielseitig Ihre Optionen eigentlich sind.

### Das Ergebnis dieses Kapitels

Nach diesem Kapitel kennen Sie neue Inspirationsquellen für mögliche Berufsfelder, in der Sie Ihre Leidenschaft ausleben könnten. Darunter sind formal ausgeschriebene Vollzeitjobs und kleine Hilfstätigkeiten. Sie verfügen nun über eine Liste, die Ihnen eine Übersicht über relevante Tätigkeitsfelder gibt. Im Idealfall hat Ihnen die kleine Übung auch gezeigt, dass Ihre Möglichkeiten wesentlich vielseitiger und umfangreicher sind, als Sie bisher angenommen haben, und dass es ein breites Feld abseits der konventionellen Berufsbilder gibt, die Sie bisher kannten. Hoffentlich hat Ihnen diese nützliche und konkrete Übung bereits Lust auf mehr gemacht – und Sie sind nun voller Tatendrang, um den ersten Schritt zu wagen.

# Schritt 5: Wagen Sie den ersten Schritt!

Sie sollten sich den nun entstandenen Tatendrang dringend zunutze machen. Vielleicht sind Sie in der Vergangenheit oft bis zu genau diesem Punkt gekommen – und haben nach der theoretischen Recherche einfach aufgehört, weil Sie dann der Mut für den nächsten konkreten Schritt verlassen hat. Das wird dieses Mal anders sein: Das Vorgehen in diesem Buch dient dazu, Sie bei jedem Schritt sanft zu begleiten und Ihnen vor Augen zu führen, weshalb wir vorgehen, wie wir vorgehen.

Am aktuellen Punkt verfügen Sie über viele Inspirationen, von denen einige Ihnen recht absurd und einige weitere Ihnen absolut machbar erscheinen. Wie groß der Anteil welcher Kategorien ist, hängt vom Tätigkeitsfeld und vom puren Zufall ab. Lassen Sie sich also nicht entmutigen, wenn Ihre Liste kurz ist oder unter vielen Nennungen nur zwei oder drei enthält, die für Sie halbwegs spannend sind. Seien Sie aber offen! Wenn Online-Lernvideos für Sie interessant sind, verwerfen Sie die Idee nicht, nur weil Sie noch nie ein Online-Lernvideo produziert haben. Gewöhnen Sie sich frühzeitig an den Gedanken, dass Sie in naher Zukunft eine Menge neuer

Fähigkeiten lernen werden, von denen Sie bisher nie gedacht haben, dass Sie sie beherrschen könnten. Ihr neues Leben wird für Sie viele großartige Überraschungen bereithalten und Ihnen im besten Falle vor Augen führen, dass die Grenzen, die Sie bisher für sich akzeptiert haben, nicht so fest gesetzt sind, wie es Ihnen vorkommen mag. Doch dazu später mehr.

### "100 Prozent ist leichter als 98 Prozent"

Wie bereits angemerkt: Viele Menschen, die darüber nachdenken, ihre Leidenschaft zum Beruf zu machen, haben den ersten, den theoretischen Teil ihrer Reise oft mehr als nur einmal hinter sich gebracht. Und dann ging es nicht weiter, weil der Mut fehlte, die benötigten Fähigkeiten noch nicht vorhanden waren oder die Risiken zu groß schienen. Viele Betroffene geben daher das "Versuchen" irgendwann auf. "Ich werde das eh nie durchziehen", sagen sie sich selbst vor dem Hintergrund Ihres mehrmaligen bisherigen Scheiterns. "Ich bin einfach kein Typ, der so etwas durchzieht", sagen sie.

Nun, in Wahrheit liegt das Ganze weniger in Ihrem Charakter begründet, sondern vielmehr darin, wie unsere Psyche funktioniert. Der renommierte Wirtschaftswissenschaftler Clayton M. Christensen hinterließ Eindruck mit seiner Äußerung, dass es einfacher sei, ein Ziel 100 Prozent der Zeit zu verfolgen als nur 98 Prozent der Zeit. Was meint der Harvard-Professor damit?

Hintergrund dieser Phrase ist, dass es uns einfacher fällt, ein Vorhaben umzusetzen, wenn wir uns vollständig dazu bekennen. Mit einem sanften "Ich schaue mal, ob sich etwas ergibt" machen Sie es sich also schwerer als mit einem "Ich werde alles dafür tun, um in einem Job zu arbeiten, den ich liebe!". Der Grund dafür ist, dass wir, nachdem wir einmal eine solch sichere Entscheidung getroffen haben, nicht mehr darüber nachdenken müssen, Dinge abwägen müssen oder überlegen müssen, wie wir uns zu verhalten haben.

Ein Beispiel. Stellen Sie sich vor, Sie möchten abnehmen. Bisher hat keine Diät so richtig funktioniert und Sie haben das

Gefühl, radikale Diäten tragen einfach keine Früchte bei Ihnen. Sie nehmen sich daher vor, "einfach ein bisschen besser auf Ihre Ernährung zu achten". Was passiert? Nun, an einigen Tagen, gehen Sie in den Supermarkt, kaufen Obst, Gemüse und andere gesunde Lebensmittel ein und bereiten sich eine gesunde Mahlzeit zu. Es läuft gut! An einem anderen Tag sind Sie auf der Geburtstagsfeier eines Kollegen eingeladen – und es gibt Kuchen und Burger. Der Duft der köstlichen Speisen steigt Ihnen in die Nase und Sie beginnen, abzuwägen: Vielleicht ein halber Burger? Oder nur ein Stück Kuchen? Vielleicht essen Sie auch heute einfach einmal, was Sie möchten, solche Tage gibt es eben. Sie zerbrechen sich auf der Geburtstagsfeier so richtig schön den Kopf, bis auf einmal ein Freund neben Ihnen steht und Ihnen einen köstlichen, saftigen Burger überreicht. "Na gut", sagen Sie. Dann ist heute wohl einfach so ein Tag, an dem das mal erlaubt ist. Am Abend sind Sie jedoch sauer auf sich selbst: Der Burger war ein kurzes Vergnügen! Abnehmen ist Ihnen wichtig. Sie versinken in Frust und machen sich Gedanken. Morgen gibt es keine Sünde, morgen wird durchgezogen! Das Vorhaben hält genau so lange, bis der Kollege am nächsten Tag auf der Arbeit die Reste vom Geburtstagskuchen mitbringt. "Du hast ja gestern gar nicht probiert", sagt er zu Ihnen. "Nur ein kleines Stück!" Und schon steht die nächste potenzielle Sünde vor Ihren auf dem Schreibtisch. Wieder kommen Sie ins Überlegen. Sollen Sie oder sollen Sie nicht? Sieht ja jetzt auch doof aus, den Kuchen einfach wieder zurückzustellen, oder? Tja, und so erhöht sich wieder die Wahrscheinlichkeit, dass Sie Ihrem Ziel nicht treu bleiben.

Stellen Sie sich stattdessen vor, Sie treffen ein radikaleres Versprechen, um Ihr Ziel, Gewicht zu verlieren, erreichen zu können. Sie entscheiden sich beispielsweise dafür, von nun an auf jeden Form von künstlichem Zucker zu verzichten. Das bedeutet für Sie das Ablehnen von Keksen, Kuchen, Limonade, Gebäck. Die Regeln sind absolut klar und lassen keinen Spielraum. Es ist klar, welche Speisen Sie ablehnen und welche Sie zu sich nehmen – ohne Zögern, ohne Überlegen, ohne Ausnahmen. Sie müssen sich nicht den Kopf zerbrechen, sondern treffen die Entscheidung schnell und eindeutig, irgendwann vielleicht sogar einmal wie automatisch.

### Entscheidungsträgheit

Sie können fest davon ausgehen, dass das zweite Vorhaben mit mehr Erfolg gekrönt sein wird. Doch woran liegt das? Dahinter steht ein psychologischen Phänomen, das wir als Decision Fatigue (dt. Entscheidungsträgheit) bezeichnen und das dafür sorgt, dass unsere Willenskraft mit jeder Entscheidung, die wir treffen müssen, sinkt. Treffen wir also die einmalige, ab nun gültige Entscheidung "Ich esse ab heute keinen Zucker mehr!", müssen wir in Zukunft nicht mehr bei einzelnen Speisen abwägen – es ist klar, was erlaubt ist und was nicht. Bei schwammigen Entscheidungen wie "Ich achte ein bisschen mehr auf meine Ernährung" hingegen müssen wir bei jeder Speise eine neue Entscheidung treffen. Und, noch schlimmer: Wir werden von Mal zu Mal weniger rational, bis unsere Emotionen unsere Willenskraft übermannt haben.

Entscheidungsträgheit ist mächtig und kann fatale Folgen haben: Sie sorgt dafür, dass einige Menschen sich nicht auf einen Partner festlegen oder sich nicht trennen. Sie sorgt dafür, dass einige Menschen jahrelang nicht Ihren Traum von einem Kind, einem Studium, einer Weltreise, einen Wohnortwechsel umsetzen. Die Umsetzung all dieser Träume erfordert schließlich das Gehen mehrerer Schritte. Stimmt Ihr anfängliches Commitment nicht oder lassen Sie sich noch einige Spielräume offen, ist es nur eine Frage der Zeit, bis eine Hürde auftritt, die Sie zum Aufgeben bringt. Das Resultat sind viele verpasste Chancen.

Was lernen wir daraus? Um die Reise zu Ihrem Traumjob bewältigen zu können, beginnen SIe am besten mit einem entschlossenen ersten Schritt: Treffen Sie die verbindliche Entscheidung, einen Schritt nach dem anderen zu gehen, auch wenn es Sie Zeit kostet, Ihnen Angst macht oder Sie das Gefühl haben, Sie sind eigentlich noch nicht so weit. Aber treffen Sie diese Entscheidung. Haben Sie sie getroffen, werden Sie merken, dass das Handeln nach dieser Entscheidung mit jedem Tag ein wenig leichter wird.

Es ist daher besonders wichtig, dass Sie nicht allzu lang in theoretischen Recherchen und Überlegungen stecken bleiben. In diesem Kapitel wollen wir daher ins Handeln kommen.

### Legen Sie schnell los!

Nehmen Sie sich dafür nun noch einmal die Liste, in der Sie Jobmöglichkeiten und Tätigkeitsfelder aus dem Bereich Ihrer Leidenschaft notiert haben, vor. Sie wird die Ausgangsbasis für alles sein, was wir als nächstes vorhaben. Auf Ihrer Liste finden Sie wahrscheinlich eine Reihe ungeordneter Tätigkeiten, Berufsfelder und Aufgaben. Wir ordnen diese Nennungen nun so, dass wir sie für unseren nächsten Schritt verwenden können. Markieren Sie dafür alle Nennungen, die Sie besonders spannend finden. Kreuzen Sie in einem weiteren Schritt all diejenigen Dinge an, mit denen Sie aus Ihrer Sicht am schnellsten loslegen könnten. Wegfallen würde dann, um bei unserem Beispiel zu bleiben, eine Stellenausschreibung zum kulinarischen Creative Director, denn darauf müssten Sie sich schließlich erst bewerben und könnten auch erst loslegen, wenn Sie eine Zusage erhielten – ein unwahrscheinliches Ereignis, wenn Sie bisher noch nicht Vollzeit in diesem Beruf gearbeitet und auch sonst nichts mit diesem Tätigkeitsfeld zu tun hatten. Am wahrscheinlichsten ist es, dass auf Ihrer Liste nun Dinge wie ein Online-Kochkurs, ein eigener Food-Blog oder ähnliches zu finden sind.

Denken Sie daran, das sind nur Beispiele. Wenn Sie, wie ich, leidenschaftliche Schreiberin sind, noch nie im Leben ein Buch oder einen Artikel veröffentlicht haben, aber davon träumen, vom Schreiben leben zu können, dann könnten auf Ihrer sortierten Liste Dinge stehen wie "Gastautorin bei einem Blog werden" oder "auf Fiverr anbieten, Portraits über

Menschen zu schreiben". Wenn Sie davon träumen, einmal Menschen psychologisch zu beraten, könnte ein erster Schritt ein ehrenamtliches Engagement bei einer Telefonseelsorge sein. Träumen Sie davon, einmal mit dem Fotografieren Geld zu verdienen, dann könnte ein erster Schritt ein Blog mit eigenen Fotos, ein paar Veröffentlichungen auf Plattformen wie iStock oder Unsplash oder ein paar How-to-Videos über bestimmte Aspekte des Fotografierens bei YouTube sein.

Wenn immer noch mehrere Dinge auf Ihrer Liste übrig geblieben sind, wählen Sie das aus, wovon Sie sich den meisten Spaß erhoffen. Nicht das, was Ihnen die meisten Business-Chancen bieten könnte, nicht das, womit Sie am meisten Geld verdienen können. Es ist nicht so, dass all diese Aspekte unwichtig wären, aber in diesem Schritt geht es für Sie darum, ins Machen zu kommen – und dafür sind Spaß und Euphorie der beste Motor. Um alles Andere kümmern wir uns später.

Nehmen wir wieder die Perspektive unseres Hobbykochs ein: Ihre Wahl fiel nun auf das Gestalten eines eigenen Food-Blogs, den Sie zunächst mit Artikeln über bestimmte Aspekte des Kochens, später auch mit Lernvideos anreichern wollen, die Sie in ferner Zukunft auch professionalisieren und auf Lernplattformen wie Skillshare präsentieren möchten. Irgendwann würden Sie vielleicht sogar gern ein eigenes Kochbuch veröffentlichen. Sie haben bisher allerdings nichts mit Blogging, Schreiben, professioneller Fotografie oder Videografie zu tun gehabt und fragen sich, wie Sie das Ganze überhaupt angehen sollen. Nun, die gute Neuigkeit ist: Sie können alles herausfinden. Die schlechte: Das müssen Sie auch. Wählen Sie Ihre Idee aus, ohne daran zu denken, wie Sie sie umsetzen können. Denn wenn Sie nur dabei bleiben, was Sie mit Ihrem aktuellen Set an Fähigkeiten und Wissen bewerkstelligen können, werden Sie da bleiben, wo Sie sind – und sich damit selbst im Weg stehen.

Die Idee, die Sie ausgewählt haben, soll dazu dienen, Ihre Leidenschaft regelmäßig auszuüben, zu trainieren und zu professionalisieren. Vielleicht sind Sie tatsächlich schon ein so geübter Hobbykoch, dass Sie mindestens einmal in der Woche für Ihre Freunde kochen. Das ist schön, aber noch lange keine Referenz, die Ihnen beruflich weiterhelfen wird. Es geht nun darum, langsam in das berufliche Milieu Ihrer Leidenschaft einzutreten. Das bedeutet, dass Sie damit beginnen, eine Tätigkeit auszuüben, die Ihre Fähigkeiten für andere sichtbar macht und Sie gleichzeitig im Verkauf Ihrer Leidenschaft schult. Dieser Teil Ihrer Entwicklung ist auch für all diejenigen von Bedeutung, die bereits einen Schritt weiter sind: Vielleicht haben Sie bereits einen kleinen Foodblog, vielleicht drehen Sie bereits Kochvideos. Dann wird es Zeit, sich an dieser Stelle weiter zu professionalisieren.

Egal jedoch, ob Einstieg oder Professionalisierung: Es geht nun vor allem darum, Ihre Leidenschaft zu einer strukturierten Regelmäßigkeit zu machen – egal, ob Sie jemand dafür bezahlt oder nicht. Ihre Leidenschaft wird nicht vor allem dadurch zu Ihrem Job, weil Ihnen jemand einen Job in diesem Feld gibt. Ihre Leidenschaft wird dadurch zum Beruf, indem Sie sie als Job ausüben. Daher: Schnappen Sie sich Ihre Idee und legen Sie los.

### Lernen Sie!

Unabhängig davon, was genau Ihre Idee ist, wissen Sie nun: Sie kommen ums Lernen nicht herum. Das Lernen wird für Sie in den kommenden Wochen und Monaten die wichtigste Zutat zu Ihrem Erfolg werden – die Tätigkeit, die Ihren Alltag bestimmen wird.

Da einige von uns sich sehr schwer damit tun, neue Dinge zu lernen, möchte ich Sie an dieser Stelle zunächst mit einigen tröstenden Worten aus der Wissenschaft ermutigen, die Ihnen dabei helfen werden, das Lernen richtig anzugehen. Die Forschung weiß heute, dass wir mit etwa 100 Milliarden Neuronen in unserem Gehirn geboren werden. Diese Neuronen sind zu Beginn unseres Lebens locker miteinander verknüpft. Erst durch Lernen verdichten sich diese Verknüpfungen: Im ersten Lebensjahr verdreifacht sich unsere

Gehirnmasse – allein dadurch, dass wir lernen. Das Lernen prägt also die Entwicklung unseres Gehirn maßgeblich. Einige Netzwerke sind bereits so stark ausgeprägt und gefestigt, dass wir bestimmte Tätigkeiten nahezu automatisch und ohne nachdenken zu müssen ausführen können.

Dabei verlernt unser Gehirn das Lernen nie. Seine gesamte Entwicklung basiert seit jeher auf der Fähigkeit zu lernen. Sie bringen Ihr Gehirn also auch dann, wenn Sie bereits einige Zeit aus Schule, Lehre oder Universität herausgewachsen sind, in seine natürliche Aktivität hinein, wenn Sie es zum Lernen bewegen. Der sogenannte Neocortex, in dem diese Aktivitäten stattfinden, beherrscht unerschrocken die Fähigkeit, mithilfe von neu erlernten Dingen weitere Verknüpfungen im neuronalen Netzwerk hinzuzufügen. Neue Verknüpfungen müssen allerdings wie Kreuzungen und Straßenwege explizit ausgelegt werden, bevor wir sie benutzen können. Und eine neue Straße wird vor allem dadurch gefestigt, dass sie häufig benutzt wird. Dies erreicht man am besten, indem die neu erlernten Dinge möglichst häufig trainiert und geübt werden. Einige weitere Erkenntnisse können Ihnen dabei helfen, die idealen Bedingungen für ein erfolgreiches Lernen zu schaffen.

### Tipp 1: Geben Sie Ihrem Lernen einen Sinn

Die erste förderliche Bedingung, die Sie zum erfolgreichen Lernen brauchen, ist das Interesse an Ihrer Tätigkeit. Gute Neuigkeiten also. Wissenschaftliche Studien zeigen, dass wir effektiver lernen, wenn positive Emotionen in das Lernen involviert sind. Woran liegt das? Unser limbisches System bewertet Aktivitäten positiv oder negativ – und entscheidet auf dieser Basis, ob wir Energie in diese Aktivitäten investieren. Verbinden wir mit dem Lernen positive Emotionen, fällt die Bewertung des limbischen Systems positiv aus und uns fällt das Lernen leichter.

Es reicht jedoch nicht aus, ein großes Grundinteresse an den Themen zu haben, die mit der Ausübung unserer Leidenschaft zu tun haben. Dies allein sorgt schließlich nicht dafür, dass die Bewertung des limbischen Systems positiv ausfällt, denn wir werden zweifelsohne beim Hineinfuchsen in unsere Leidenschaft viele Momente durchlaufen, in denen wir etwas nicht verstehen oder etwas nicht so klappt, wie wir es uns vorstellen. Häufen sich diese Momente, kann es dazu kommen, dass uns die aufkommende Frustration so richtig die Laune verhagelt. In solchen Momenten kippt die Bewertung unseres limbischen Systems sehr schnell und wir überlegen: Lohnt sich all der Ärger überhaupt? Unser aktueller Karrierepfad ist doch gar nicht so schlecht. Kein Job ist schließlich immer nur gut und naja, so richtig Spaß macht das hier schließlich auch nicht (Sie erinnern sich: Je mehr wir abwägen, desto größer die Wahrscheinlichkeit, dass wir aufgeben).

Bei der positiven Bewertung einer Aktivität muss es jedoch nicht immer um Spaß gehen. Psychologen haben herausgefunden, dass wir eine Erfahrung keineswegs nur dann als positiv bewerten, wenn sie uns tatsächlich Freude bereitet. Auch andere Emotionen können dem limbischen System als Motivator dienen, etwa weil wir in Ihr einen höheren Sinn erkennen. Versuchen Sie also nicht, dafür zu sorgen, dass Ihnen das Lernen immer Spaß macht – das ist nahezu unmöglich. Sorgen Sie stattdessen dafür, dass Sie sich den höheren Sinn des Lernens vor Augen führen. Das können Sie erreichen, indem Sie sich täglich klarmachen, was Sie sich von den aktuellen Bemühen auf lange Sicht erhoffen. Seien Sie dabei möglichst anschaulich und detailreich! Falls Ihnen die Kreativität (oder die Hoffnung!) verloren geht, ziehen Sie Ihr positives Szenario vom Anfang wieder hervor. Es wird Ihnen noch einmal deutlich machen, weshalb sich die ganze Mühe lohnt – und es sinnvoll ist, am Ball zu bleiben.

### Tipp 2: Knüpfen Sie an bestehendes Wissen an

Die Wissenschaft weiß außerdem: Wir lernen dann am besten, wenn wir es schaffen, neues Wissen an unser bereits bestehendes Wissen anzuknüpfen. Es empfiehlt sich daher, beim Lernen intuitiv und in kleinen Schritten vorzugehen. Schreiben Sie sich nicht in einen professionellen Videographie-Kurs ein, der Sie übers Wochenende 20 Stunden lang mit Expertenwissen bombardiert, nur weil Sie lernen möchten, wie Sie sich selbst beim Kochen filmen können. Werfen Sie stattdessen einen Blick auf Ihr aktuelles Wissen. Sie beherrschen das Filmen mit dem Smartphone oder Ihrer Digitalkamera? Dann verwenden Sie zunächst Energie darauf, diese bestehenden Fähigkeiten zu verbessern. Es braucht für die ersten Versuche kein mehrere Tausend Euro teures Equipment und eine monatelange Ausbildung. Wie der renommierte Tennisspieler Arthur Ashe es formulierte: Starten Sie jetzt, benutzen Sie, was Sie haben.

Lernen Sie außerdem, das hinter den großen Suchmaschinen versteckte Wissen für sich zu nutzen. Wir leben in einem großartigen Zeitalter, in dem wir konkretes, praktisches Wissen mit nur wenigen Klicks erreichen können. Sie wollen wissen, wie Sie mit dem einem Smartphone ein Kochvideo aufnehmen können? Dann suchen Sie genau danach (verwenden Sie auch die englischen Suchbegriffe, da die Ergebnisse international häufig vielseitiger und umfangreicher sind). Sie haben absolut keine Ahnung, wie Sie einen Koch-Blog starten? Suchen Sie in der Suchmaschine "How to start a cooking blog" und lesen Sie, was Ihnen geraten wird. So klicken Sie sich schnell durch die ersten wichtigen Informationen hindurch, die Sie zum Loslegen brauchen. Von hier aus können Sie alle weitere notwendigen Dinge lernen – Schritt für Schritt.

### Tipp 3: Lernen Sie die Praxis schätzen

Eine dritte große wissenschaftlich gestützte Erkenntnis, die uns beim Lernprozess helfen kann, liegt im hohen Wert der praktischen Erfahrung. Konkrete Erfahrungen durchzumachen, die uns auf anschauliche und lebensnahe Art und Weise neues Wissen beibringen, sorgt dafür, dass wir neue Informationen besser verinnerlichen. Learning by Doing sollte daher die Strategie Ihrer Wahl sein: Probieren Sie verschiedene Dinge aus. Um bei unserem Beispiel zu bleiben: Legen Sie einfach mit Ihrem Koch-Blog los! Schon nach kurzer Zeit werden Sie die ersten Erkenntnisse gewinnen. Welche Artikel schreiben Sie besonders gern? Auf welche Themen erhalten Sie besonders viel oder besonders wenig Feedback? Wie oft können Sie Artikel verfassen? Nach und nach lernen Sie aus Ihren Erfolgen und Fehlern. Beide Erfahrungen sind mit Emotionen verknüpft, die dafür sorgen, dass uns die gewonnenen Lerneffekte besser im Gedächtnis bleiben – viel besser, als wenn wir die Erkenntnisse allein aus einer theoretischen Recherche gewonnen hätten.

Auch beim Lernen an sich machen wir Erfahrungen. Um diese voll für sich nutzen zu können, können Sie über Ihre Erlebnisse und Lerneffekte in Ihrem Tagebuch reflektieren. Hier können Sie täglich festhalten, was genau Sie gelernt haben, was Ihnen das Lernen erleichtert hat und was es Ihnen erschwert hat. Was bedeutet das Erlernte für die Ausübung Ihrer Leidenschaft? Die Wissenschaft belegt nämlich ebenso, dass wir besser lernen, wenn genug Zeit zum Reflektieren bleibt, die uns ermöglicht, kleine Details in den Gesamtzusammenhang mit dem Großen und Ganzen einzuordnen. Dies hilft uns schließlich dabei, uns Wissen besser einzuprägen.

## Geben Sie sich ein Versprechen

Doch wie schaffen wir es, unseren Lernprozess möglichst praktisch zu gestalten und mit vielen Erfahrungen anzureichern? Die inzwischen weltberühmte Makeup-Artist Desi Perkins ist heute ein gefeierter Social Media-Star. Neben ihren Fähigkeiten als Makeup-Künstlerin erhielt ihre Karriere durch ein ganz besonderes Versprechen, das sie sich selbst gemacht hat, einen wahren Schub. Als Desi Perkins noch als

Freelancer im Bereich Styling und Makeup arbeitete, aber schon ihre eigenen Social Media-Kanäle auf Instagram und YouTube unterhielt, machte sie sich selbst das Versprechen, jeden Tag einen neuen Makeup-Look auf Instagram zu veröffentlichen. Schnell erlangte die Südkalifornierin Berühmtheit – alles mithilfe einer einzigen kleinen Zutat, die dabei half, ihr Talent auf die große Bühne zu bringen: Konsistenz.

Erinnern Sie sich an das Phänomen der Entscheidungsträgheit. Was auch immer es also genau ist, mit dem Sie Ihren ersten Schritt in Richtung neuer beruflicher Orientierung wagen: Machen Sie sich selbst möglichst früh ein Versprechen. Aller Wahrscheinlichkeit nach fuchsen Sie sich in Ihre neue, auf Ihrer Leidenschaft beruhenden Tätigkeit neben Ihrem Hauptberuf, Ihrer Ausbildung, Ihrem Studium, der Kindererziehung oder ähnlichen tagfüllenden Aktivitäten hinein. Selbst wenn Sie den Luxus haben, im Rahmen einer persönlichen Auszeit oder eines Sabbaticals Ihre berufliche Neuorientierung, Ihr "Projekt: Leidenschaft", anzugehen, so neigen wir Menschen doch dazu, schnell träge zu werden – selbst wenn es um unseren Traum geht. Da eine berufliche Neuorientierung und die damit verbundenen Schritte (das Aneignen neuer Fähigkeiten, das Produzieren der eigenen Arbeit, das Erlangen von Bekanntheit und mehr) eine gewisse Zeit beanspruchen, müssen Sie durchhalten. Wenn wir uns beim Durchhalten jedoch auf unsere eigene Disziplin verlassen, sind wir nahezu verloren. Lassen Sie uns dazu noch ein wenig tiefer in die Hintergründe von Entscheidungsträgheit eintauchen.

Das Festlegen von guten Vorsätze wird von unserem rationalen System übernommen, also kognitiven Prozessen und Gedanken. Wir entscheiden uns bewusst dafür. Solche Entscheidungen werden vom sogenannten Zweiten System, das der Psychologe Daniel Kahnemann "Pilot" nennt, getroffen. Dieser Teil unseres Gehirns lenkt uns bewusst durch den Tag, trifft Entscheidungen und sorgt dafür, dass wir rationale Handlungen tätigen. Rund 95% unserer Handlungen werden allerdings durch unser Unterbewusstsein gesteuert, das sogenannte Erste System. Dieser "Autopilot" wird vor allem über das limbische System gesteuert – es reagiert viel schneller als das Zweite System und hat uns im Überlebenskampf und in brenzligen Situationen oft das Leben gerettet.

Wenn wir uns unserer Handlungen voll bewusst sind und uns völlig darauf konzentrieren, rational zu handeln, gelingt es uns, dafür zu sorgen, dass der Pilot übernimmt und wir das tun, was richtig für uns ist. In den meisten Fällen allerdings übernimmt der Autopilot und sorgt dafür, dass wir unsere Vorsätze nicht einhalten. Das kann etwa daran liegen, dass unser Limbisches System findet, unsere begrenzte Energie wäre besser beim Ausruhen aufgehoben als beim Fitness. Der Hintergrund ist einfach: Das Limbische System bewertet einfach nur – wichtig oder unwichtig, gut oder schlecht. Hält das Limbische System es jetzt gerade nicht für wichtig oder gut, dass wir konzentriert an unseren Zielen arbeiten, wird es uns davon abhalten. Es übernimmt ein alter Bekannter: der innere Schweinehund.

## Machen Sie Ihr Unterbewusstsein zu Ihrem Verbündeten

Doch was ist der Ausweg aus dieser scheinbar naturgegebenen Trägheit? Nun, wir können es natürlich schaffen, mit rationaler Willensstärke situativ gegen diesen Schweinehund anzugehen. Jeder, der jedoch seine Erfahrungen mit diesem Phänomen gemacht hat, weiß, dass dies das eine oder andere Mal gelingen kann. Den inneren Schweinehund kann man jedoch nicht konsistent jeden Tag überwinden – zu groß ist der Energieaufwand dafür. Aus diesem Grund ist diese Strategie zwar im Einzelfall effektiv und sorgt erfolgreich dafür, dass wir uns aufraffen können. Auf Dauer ist sie aber nicht der Weg der Wahl, der uns zum Erfolg bringt.

Statt auf unsere Ratio und unsere Disziplin zu setzen, sollten wir hingegen lieber dafür sorgen, dass auch unser Unterbewusstsein, der Autopilot, in unserem Team spielt, also im Sinne unserer Ziele handelt. Das schaffen wir am besten, indem wir die Arbeit an unserer Leidenschaft zur Gewohnheit machen, denn dann können wir unser Unterbewusstsein für unsere Zwecke einspannen, das Limbische System überwinden und die Entscheidungsträgheit überwinden. Schließlich hinterfragen wir unsere Gewohnheiten ab einem gewissen Punkt nicht mehr.

Doch wann ist dieser Punkt gekommen? Der Chirurg Maxwell Maltz hat in den 1950er Jahren bei seinen Patienten festgestellt, dass diese auffällig häufig und ganz unabhängig vom jeweiligen Fall im Durchschnitt immer etwa 21 Tage brauchen, um sich nach ihrer Operation an die Veränderungen ihres Körper zu gewöhnen. Daraus leitete er ab, dass es genau so lange dauert, bis wir feste Gewohnheiten etablieren – eine Annahme, auf die sich heute viele Selbsthilfe- und Persönlichkeitscoaches beziehen. Später untersuchten Forscher vom University College in London die Verlässlichkeit dieser Annahme und kamen zu folgendem Schluss: Sie setzten ein akkurat durchgeführtes, wissenschaftliches Experiment auf und fanden heraus, dass es mindestens zwei Monate dauert, bis sich eine Gewohnheit als solche etabliert hat. Ab diesem Zeitpunkt läuft die neu erlernte Tätigkeit quasi automatisch ab – so ist es bei dem Durchschnitt der untersuchten Testpersonen. Obwohl "Durchschnitt" bedeuten kann, dass die tatsächliche Gewöhnungsdauer in Abhängigkeit von den Umständen des jeweiligen Einzelfalls stark variieren kann, gelten diese Ergebnisse als gesichert.

Zusammengefasst lernen wir also Folgendes: Der Großteil unserer Handlungen wird von unserem Unterbewusstsein gesteuert. Unser Unterbewusstsein ist auch in schwierigen Situationen in der Lage, unsere Handlungen zu steuern. Dabei greift es auf neuronale Netzwerke zurück, deren Ausprägung davon abhängt, was wir gelernt haben. Haben wir eine

Tätigkeit ungefähr zwei Monate lang gelernt, wird sie zur Gewohnheit und kann von unserem Unterbewusstsein nahezu automatisch abgespielt werden.

Was bedeutet das nun für Sie? Dies bedeutet für Sie, dass Sie sich selbst ein Commitment, ein Versprechen machen müssen, das Ihnen dabei hilft, die Arbeit an Ihrer Leidenschaft so regelmäßig zu trainieren, dass dieses Training langsam aber sicher zur Gewohnheit wird.

Wie kann ein solches Versprechen aussehen? Um möglichst erfolgreich beim Etablieren Ihrer neuen Gewohnheit zu sein, ist es besonders sinnvoll, die jeweilige Tätigkeit jeden Tag auszuüben. Weniger effektiv ist es hingegen, wenn Sie sich nur am Wochenende, also alle fünf oder sechs Tage dafür Zeit nehmen. Machen Sie sich selbst also das Versprechen, jeden Tag daran zu arbeiten, Ihre Leidenschaft zu schärfen, zu professionalisieren, Neues zu lernen und weiter in das Feld hineinzuwachsen.

Formulieren Sie das Versprechen so konkret wie möglich und formulieren Sie es so, dass es für Sie möglich ist, es auch an stressigen Tagen einzuhalten, auch an Tagen, an denen Sie krank, traurig oder schlecht gelaunt sind. Wenn das für Sie bedeutet, dass Sie nur 20 Minuten am Tag investieren können, so ist dies Ihr Versprechen. Halten Sie sich diese 20 Minuten jeden Tag zur selben Zeit frei. Im Idealfall ist Ihre Tätigkeit das erste, was Sie am Tag erledigen, denn wenn Sie damit beginnen, die 20 Minuten flexibel über ihren Tag hin und her zu verschieben, ist es nur eine Frage der Zeit, bis Sie zu müde oder zu beschäftigt sind, um Ihr Versprechen einzuhalten. Haben Sie in Ihrem aktuellen Tagesablauf nicht verlässlich 20 Minuten Zeit für die Arbeit an Ihrer Leidenschaft, so stellen Sie jeden Tag Ihren Wecker 20 Minuten früher. Dokumentieren Sie Ihren Fortschritt täglich. Beenden Sie jede Session damit, die To Dos für die Session am nächsten Tag aufzuschreiben, damit Sie bei dieser nächsten Session keine Zeit damit verschwenden, überlegen zu müssen, was als nächstes zu tun ist.

Sie werden schnell bemerken, dass es vor allem die Konsistenz und das Durchhaltevermögen ist, dass Ihnen schon nach wenigen Wochen große Erfolge bringen wird. Sobald Sie es schaffen, eine feste Gewohnheit aus der Arbeit an Ihrer Leidenschaft zu machen, wird es Ihnen leicht fallen, sich die Zeit dafür zu nehmen, die Aufgaben auszuführen und einen Workflow zu entwickeln, denn all diese Aktivitäten werden in Ihr Unterbewusstsein übergehen, Ihren Wissensstand erweitern, die Verbindungen Ihrer Neuronen vervielfachen, Ihre Fähigkeit zu lernen stärken und letztendlich die Arbeit an Ihrer Leidenschaft zu einem festen Teil Ihres Alltags und Ihrer Identität werden lassen. Probieren Sie es aus!

Achso, und tun Sie eins nicht: Schaffen Sie sich keinen Hinterausgang, kein Netz, keinen doppelten Boden, keinen Plan B. Beginnen Sie nicht, sich zu ermöglichen, fünf Euro in eine Kasse zu zahlen, wenn Sie Ihren 20-Minuten-Termin nicht einhalten – erinnern Sie sich an die Entscheidungsträgheit! Am Ende werden Sie Hunderte Euro zusammengetragen, aber immer noch keine professionelle Expertise in Ihrer Leidenschaft haben.

## Machen Sie die Nebentätigkeit zu Ihrer Identität

“Die Nebentätigkeit zu Ihrer Identität machen” – das mag zunächst komisch klingen, gehört aber zu den wichtigsten Schritten auf Ihrer Reise. Um Ihnen verständlich zu machen, was ich damit meine, möchte ich Ihnen einen weiteren Einblick in meine eigene Geschichte geben:

Ich habe immer geschrieben – Tagebuch, Kurzgeschichten, Gedichte, später auch kürzere Gastbeiträge in Online-Magazinen. Ich arbeitete dann im Nebenjob als Lektorin und Beraterin für eine Design-Agentur, die ein eigenes Fachbuch über seine selbst entwickelte Design-Methode veröffentlichen wollte. Ich erledigte die Aufgaben gewissenhaft und mit viel Freude. Erst jedoch, nachdem ich etwa drei Monate in Vollzeit schrieb, wurde das Schreiben ein

Teil meiner Identität. Ich war keine Managerin mehr, die schrieb. Ich war eine Schreiberin. Eine Autorin, Texterin. Das Schreiben bestimmte nicht, was ich tue, sondern wer ich bin. Das hatte große Auswirkungen auf mich, mein Verhalten und mein Arbeiten: Ich legte mehr Augenmerk auf die Qualität meiner Texte – denn diese definierten mich jetzt. Ich lernte fleißig, denn ich war Autorin, und ich wollte eine gute Autorin sein. Ich las Bücher, in denen andere Autoren über Ihr Autorendasein berichtete, so wie Stephen Kings "On Writing". Mein Schreiben war keine Arbeit mehr, die ich für Geld erledigte, mein Schreiben war ich und ich war mein Schreiben.

Ähnliches werden Sie bei berühmten Sportlern entdecken: Arnold Schwarzenegger beschloss im jungen Teenager-Alter, der beste Bodybuilder der Welt zu werden. Von da an drehten sich seine Tage um nichts Anderes. Kobe Bryant formulierte mit nur 13 Jahren das Vorhaben, der bedeutendste Basketball-Spieler aller Zeiten zu werden. Von nun an strukturierte er seinen Alltag, seine Tätigkeiten, sein soziales Umfeld danach, ob sie diesem Ziel dienlich waren oder eben nicht.

Nun, ganz so extrem müssen Sie in Bezug auf Ihre Leidenschaft nicht werden. Und dennoch: Jetzt, wo Sie das Nachgehen Ihrer Leidenschaft zu einem täglichen Versprechen gemacht haben, sollten Sie es nicht mehr behandeln wie etwas, das Sie einfach nebenbei erledigen, eine lästige Verpflichtung, die Sie jetzt an der Backe haben.

Um bei unserem Hobbykoch zu bleiben: Ihre Leidenschaft ist das Kochen, aber Sie arbeiten tagsüber als Bankangesteller. Wenn Sie sich selbst weiterhin als einen Bankangestellten mit einem netten Hobby begreifen, wird Ihnen der Sprung in Ihren Traumjob schwerfallen, denn er geht gegen Ihre Identität. Das Aufgeben jener "alten Identität" ist vor allem für diejenigen schwer, die Ihren aktuellen Job sehr eng mit Ihrer Identität verknüpft haben, also zum Beispiel leitender Angestellter in einer Unternehmensberatung sind und daraus viel Selbstbewusstsein und ein starkes Selbstwertgefühl ziehen. Sie werden allerdings kein grandioser Koch werden, wenn Sie im Herzen noch Filialleiter einer Bank sind. Wir handeln schließlich dann besonders konsequent und engagiert, wenn unsere Verhaltensweisen in Einklang mit unserem Selbstbild stehen. Können wir unsere Tätigkeit mit unserer Identität verknüpfen, wirkt sie für uns sinnstiftend: Es fällt uns leichter, auf Dinge zu verzichten, es fällt uns leichter, nach der Arbeit zu lernen.

Arnold Schwarzenegger verbrachte bis zu fünf Stunden täglich im Fitnessstudio und dem Olympia-Schwimmer Michael Phelps wird nachgesagt, dass er sechs Stunden am Tag trainiert. Er schwimmt nicht, er ist ein Schwimmer. Beide Athleten müssen sorgfältig auf ihre Ernährung achten, ausreichend schlafen, auf Parties verzichten und ihr Leben nach ihrer Leidenschaft ausrichten. Die beiden identifizierten sich als Athleten und der Verzicht auf vieles war Teil dieser Identität. Als ich mich vollständig als Autorin identifizierte, fiel es mir leicht, früh morgens aufzuwachen und mehr und mehr über das Schreiben zu lernen. Es war Teil von mir, Teil meiner Persönlichkeit.

Machen Sie die Arbeit an Ihrer Leidenschaft also nicht nur zu einem oberflächlichen Teil Ihres Lebens. Lassen Sie zu, dass Ihre Leidenschaft ein Teil von Ihnen wird. Es wird Ihnen dadurch leichter fallen, bestimmte Anstrengungen zu unternehmen, Verzicht zu üben und an Ihrer Leidenschaft zu arbeiten, während Ihre Freunde den Abend mit Feiern verbringen. Werden Sie langsam zu dem, was Sie sein wollen, was jahrelang schon in Ihnen wohnt.

Viele Menschen leben Ihre Leidenschaft schließlich im Verborgenen. Bekannte, Familienmitglieder und Freunde wissen nichts von dieser Leidenschaft und sind oft überrascht, wenn sie davon erfahren. Wenn Sie allerdings aus sich heraustreten und Ihrem Umfeld klarmachen, dass diese Leidenschaft Teil von Ihnen und Ihrer Identität ist, wird man Sie auch langsam aber sicher damit in Verbindung bringen: Man wird Sie häufiger um Rat bitten – vielleicht erhalten Sie sogar direkt Aufträge von Menschen aus Ihrem Umfeld, die genau im Feld Ihrer Leidenschaft Hilfe brauchen können (etwas, das mir als Autorin und Texterin sehr häufig passiert ist, sobald ich einmal damit begonnen habe, diese Tätigkeit mit meiner Person zu verknüpfen). Sprechen Sie über Ihre Leidenschaft. Begreifen Sie sich als Teil einer Community und tauschen Sie sich mit Gleichgesinnten aus und machen Sie sich hier einen Namen, sorgen Sie dafür, dass man Sie in der Community kennt. Engagieren Sie sich in Vereinen, beteiligen Sie sich an Forumsdiskussionen und seien Sie in Facebook-Gruppen aktiv. Sie gehören nun dazu und können (nein, sollten!) den Diskurs mitbestimmen.

Ihre Leidenschaft als Teil von sich zu begreifen, wird außerdem Ihren Entdeckergeist wecken. Schließlich wollen Sie mehr von dieser Sache erfahren, die nun Teil von Ihnen ist. Seien Sie daher mutig, werden Sie experimentierfreudig, probieren Sie neue Dinge aus, etwa indem Sie neue Tätigkeiten am Rande Ihrer ursprünglichen Idee testen. Wenn beim Beispiel unseres Hobbykochs etwa die ursprüngliche Idee in der Erstellung eines Food- und Koch-Blog bestand, kann ein Schritt in die analoge Welt spannend sein: Wie wäre es mit dem Unterrichten eines Kurses an der lokalen Kreisvolkshochschule? Wenn Ihre Idee in dem Publizieren eines Kochbuchs bestand, nutzen Sie die digitale Welt und schreiben Sie Gastartikel für Food-Blogs, um Ihr Wissen zu teilen und Interessierte auf Sie aufmerksam zu machen. Achten Sie lediglich darauf, dass sich Ihre Ideen nicht "kannibalisieren", d.h. bieten Sie Ihr Wissen nicht kostenlos auf YouTube an, wenn Sie es auf einer Lernplattform gegen eine Gebühr verkaufen wollen.

### Das Ergebnis dieses Kapitels

In diesem sehr wichtigen Kapitel haben Sie gelernt, wie Sie die ersten praktischen Schritte in Ihre neue Tätigkeit gehen können. Sie haben eine konkrete Aufgabe begonnen, mit der Sie Ihre Leidenschaft in Ihre Lebensrealität holen. Auf dem Weg dorthin haben Sie das Lernen für sich wiederentdeckt und dank Ihres Versprechens an sich selbst eine Gewohnheit aus der Arbeit an Ihrer Leidenschaft gemacht. Am Ende ist die neue regelmäßige Ausübung Ihrer Leidenschaft zu einem Teil Ihres Alltags, Ihres Lebens, Ihrer Identität geworden. Sie arbeiten nun daran, sich einen ersten Ruf unter Bekannten und in der Community aufbauen – man bringt Sie nun mit Ihrer Leidenschaft in Verbindung.

## Schritt 6: Lernen Sie Ihre Risiken kennen – und sorgen Sie für Sicherheit

Wenn Sie damit begonnen haben, aus Ihrer Leidenschaft einen festen Bestandteil Ihres täglichen Lebens zu machen, haben Sie bereits den Grundstein für eine spätere hauptberufliche Tätigkeit gelegt. Vielleicht haben Sie inzwischen eigene Arbeitsweisen und professionelles Wissen etabliert, sich einen Namen gemacht und schon einige Klicks auf Ihren Blog, Ihrem Vlog, oder Teilnehmer bei Ihrem Volkshochschulkurs gewinnen können.

Jetzt wird es langsam ernst. Bis hierhin sind Sie Ihrer Leidenschaft strukturiert als Nebentätigkeit, vielleicht als professionalisiertes Hobby, nachgegangen. Aber das ist nicht Ihr Endziel. Ihr Endziel ist, diese Leidenschaft zum Beruf zu machen und davon leben zu können. Im besten Falle haben Sie durch Ihre bisherigen Erfahrungen mit dem ersten Ausüben Ihrer Leidenschaft genug Motivation gesammelt, um so langsam den Schritt in die berufliche Neuorientierung zu wagen. Trotz dieser Motivation sollten Sie es allerdings realistisch halten: Damit Ihr Traum Realität wird, müssen Sie bedacht vorgehen. Das bedeutet, Sie sollten sich auf

Rückschläge und Risiken vorbereiten. Es reicht schließlich nicht aus, die eigene Leidenschaft zu kennen und ihr nachzugehen. Damit daraus ein Beruf wird, müssen Sie entsprechend professionell vorgehen und gut vorbereitet sein. Jenen Schritt gehen wir in diesem Kapitel gemeinsam.

## Kennen Sie Ihre Möglichkeiten: Erste Schritte in die Professionalisierung

Wir betrachten Ihre Möglichkeiten nun neu. Im letzten Kapitel waren Sie noch Neuanfänger. Jetzt, wo Sie Ihre Leidenschaft nachweisbar einige Wochen und Monate ausüben, dazugelernt haben und sie als einen Teil von sich selbst begreifen, haben Sie neue Möglichkeiten. Es geht nun darum, aus Ihrer bisherigen Übung, Ihrem Training, etwas zu machen, mit dem Sie Geld verdienen können, denn wir wollen langsam aber sicher den Übergang vom Hobby zum Beruf schaffen.

Was genau Ihre Möglichkeiten im Einzelfall sind, gilt es für Ihre Situation genau zu prüfen. Haben Sie etwa, wie für das Beispiel unseres Hobbykochs, einige Monate mit Food-Blogging verbracht und ordentlich Artikel geschrieben, vielleicht Fotos gemacht oder kurze Videos gedreht, werden Ihre Chancen auf dem Arbeitsmarkt für eine freie Stelle als Koch leider immer noch nicht perfekt sein. Aber wie wäre es mit Journalist im Bereich Kochen? Reichen Sie Ihre Artikel bei einem Online-Portal ein oder bei einer Zeitschrift für Kochen und Essen. Sie können sich außerdem erneut auf dem Arbeitsmarkt umsehen: Vielleicht bewerben Sie sich auf eine Position in der Marketingkommunikation eines Unternehmens, das mit Ernährung und Kochen zu tun hat. Erhalten Sie Absagen, fragen Sie stets nach den Gründen, um weitere Möglichkeiten zum Lernen und Perfektionieren Ihres Handwerks zu finden. Es kann allerdings auch sein, dass Sie in Ihrer aktuellen Ausübung Ihrer Leidenschaft, also dem Unterrichten an Volkshochschulen, dem Bloggen oder welcher Aktivität auch immer (denken Sie daran: das hier sind nur Beispiele) Möglichkeiten zum Geldverdienen sehen. Insofern können Sie mit einem Nebenverdienst starten.

Was genau bedeutet das? Nun, viele Menschen, die in einem Vollzeitjob stecken, der sie nicht voll befriedigt, machen Ihr Hobby zum Nebenberuf. In der Regel gibt es dafür in Deutschland zwei unterschiedliche Herangehensweisen. Sie können freiberuflich tätig werden oder sich nebenberuflich, etwa auf Minijob-Basis, anstellen lassen. Werden Sie freiberuflich tätig, müssen Sie eine Selbstständigkeit oder ein Gewerbe anmelden. Wie Sie dies am besten tun, verrät Ihnen die Suchmaschine Ihres Vertrauens oder eine lokale Einrichtung, in Deutschland, etwa die IHK oder das Finanzamt. Wenn Sie einen Nebenjob beginnen, arbeiten Sie in Deutschland in der Regel auf 450-Euro-Basis. Sie nehmen hier eine geringe Anzahl an Arbeitsstunden gegen einen Pauschalbetrag von 450 Euro wahr. Beide Formen der Beschäftigung können Sie zunächst neben Ihrem Hauptjob ausführen, etwa am Wochenende oder nach Feierabend.

Zunächst sollten Sie sich Gedanken darüber machen, welche Art der Beschäftigung für Sie passend wäre. Eine freiberufliche Tätigkeiten eignet sich vor allem dann, wenn Sie mit dem freien Produzieren von Artikeln, Fotos und anderen kreativen Leistungen Geld verdienen möchten. Einkommen können Sie dadurch erhalten, dass Sie Werbung auf Ihrem Blog oder in Ihrem YouTube-Video schalten oder dadurch, dass Sie einen Gastbeitrag an ein (Online-)Magazin verkaufen. Auch wenn Sie selbstständig unterrichten oder Kurse anbieten, empfiehlt sich die Wahl als Freiberufler. Sie haben hier die Möglichkeit, flexibel nach Ihren Vorstellungen zu arbeiten, also auch mal mehr Aufträge anzunehmen, wenn sich dies ergibt. Flexibel können Sie im Hauptjob Stunden reduzieren, wenn sich in Ihrem Nebenjob neue Möglichkeiten ergeben. Die Nachteile sind, dass auf Sie eine entsprechend variable Steuerlast zukommen: Sie sollten Ihre Einnahmen stets im Auge behalten und etwa die Hälfte davon zurücklegen. Ein Steuerberater kann Ihnen dabei helfen, den Überblick über die Steuern von Hauptjob und

Nebeneinkünften zu bewahlen und das Finanzamt akkurat zu informieren.

Beim Minijob hingegen legen Sie sich auf ein Unternehmen fest: Sie arbeiten als regulärer Angestellter, eben lediglich für eine geringe Stundenanzahl. Damit sind Sie auf einen einzigen Arbeit- und Auftraggeber festgelegt. Das kann sinnvoll sein, wenn Sie als Texterin oder Texter bei einer Agentur angestellt sind oder etwa als Kunstlehrerin oder Tutor am Wochenende in einer Lehr- oder Bildungseinrichtung arbeiten.

Egal, für welche Variante genau Sie sich entscheiden, es gibt bestimmte Vor- und Nachteile bei jeder Form, über die Sie gut informiert sein sollten. Ganz besonders wichtig ist es jedoch, Ihre Risiken zu kennen. Mit diesen wollen wir uns im nächsten Abschnitt ausführlich befassen.

## Der Umgang mit Risiken

Ich kann Ihnen jetzt schon versprechen, dass dieser Abschnitt schwierig wird, denn er tut weh. Die meisten Menschen wählen eine von zwei Strategien, um mit Risiken und deren Planung umzugehen: Die eine Strategie besteht darin, dass Betroffene ihre Risiken detailliert aufstellen – und dadurch den Mut und die Motivation verlieren, Ihre Pläne in die Tat umzusetzen: “Aber ein niedrigeres Gehalt will ich nicht!”, “Also, Schichtarbeit kann ich mir nicht vorstellen!”, “Eigene Aufträge akquirieren? Ich bin nicht der Typ dafür!”. Häufig ist die berufliche Neuorientierung mit einem Verlassen der eigenen Komfortzone verbunden: Annehmlichkeiten des bisherigen Lebens müssen aufgegeben und neue Pflichten erfüllt werden.

Bei der anderen Strategie hingegen ignorieren Betroffene ihre Risiken weitestgehend, weil sie Angst haben, nach einer konkreten Risikoanalyse den Mut zu verlieren. Diese Menschen werden später von ihren Risiken überrascht – und müssen gegebenenfalls sogar die Realisierung Ihres Traums abbrechen, weil Sie nicht entsprechend vorgesorgt haben.

Ich möchte Ihnen eine dritte Option zum Umgang mit Risiken anbieten.

Wie bei Ihrem Versprechen soll auch hier dafür gesorgt werden, dass wir die optimalen Bedingungen schaffen, um den Weg in Ihren Traumberuf so reibungslos wie möglich zu gestalten – und damit die Wahrscheinlichkeit Ihres Erfolges zu erhöhen. Dafür müssen wir den Wert von Risiken kennen und die Gefahr von Risiken relativieren. Wir werden uns die gängigsten Risiken anschauen und gemeinsam Möglichkeiten finden, diese abzufedern.

Bevor wir damit loslegen, lassen Sie mich jedoch noch eins sagen: Auch das Verbleiben in Ihrer aktuellen Situation birgt Risiken. In einer Situation zu verharren, in der wir nicht glücklich, häufig sogar unglücklich sind, birgt Risiken. Diese sind oft nicht auf den ersten Blick ersichtlich. Sie bestehen anfänglich darin, dass wir häufiger schlecht gelaunt sind und dadurch beispielsweise zulassen, dass die sozialen Beziehungen zu unseren Mitmenschen Schaden nehmen können. Später gehen diese Risiken darin über, dass Sie Ihre Sorgen und Ängste auch nach Feierabend und am Wochenende in Ihren Kopf herumtragen. Die meisten Menschen sind nur einen schlechten Tag von einer depressiven Phase, nur eine stressige Woche vom Burnout entfernt – und wissen es nicht einmal. Die meisten ignorieren die körperlichen Signale, angefangen bei einem geschwächten Immunsystem, das Ihnen immer wieder Erkältungen beschert, weiter zu psychosomatischen Symptomen wie Magengeschwüre und Migräne. Der Job raubt ihnen die Energie, also verbringen diese Menschen ihre Feierabende und Wochenenden auf der Couch, treiben keinen Sport und haben schnell mit Verspannungen, Rückenproblemen oder ähnlichem zu kämpfen.

Wenn Sie glauben, dass das Bild, das ich Ihnen male, zu düster ist, kann ich Ihnen sagen: Ich habe einige dieser Symptome durchschreiten müssen – mit nicht einmal 30

Jahren. Und falls Sie sich denken, so etwas passiert nur Weichlingen und Sie sind ein harter Hund: Achten Sie einmal auf Ihre Beschwerden. Achten Sie darauf, wie häufig Sie erkältet sind. Achten Sie auf die Menge an Tabletten, die Sie nehmen, um Schmerzen zu bekämpfen, achten Sie auf die Anzahl an Abenden und Wochenendtagen, an denen Sie nichts als Ihre Ruhe wollen. Ihre tatsächlichen Krankheitstage – nicht nur die, die Sie eingereicht haben. Denn wir sind sehr gut im Verdrängen: Diese Dinge schleichen sich in unser Leben ein, Stück für Stück, und wir bemerken es nicht oder suchen nicht nach einer Ursache dafür.

Und falls Sie sich denken: "Aber finanziell bin ich doch wenigstens sicher!", vergessen Sie es. Unsere Arbeitswelt – unsere ganze Weltwirtschaft – unterliegt einer intensiven Dynamik, die dazu führt, dass sich ganze Branchen und Industrien innerhalb weniger Monate wandeln können. Politische Papierkriege führen zu Einführzöllen, führen zu weniger Absatz, führen zu Kostendruck, führen zu Personalabbau. Die fortschreitende Digitalisierung wird in der Lage sein, viele Jobs durch künstliche Intelligenz zu ersetzen.

Die Evolution, das mächtigste Prinzip unserer natürlichen Weltordnung, unterscheidet sich in einem wesentlichen Punkt von den Prinzipien, die wir in der Religion kennenlernen: Es kennt keine Gnade. Die Fähigkeit und die Gewohnheit zu lernen, ist nicht mehr "nice to have". Sie ist kein Hobby, keine gute Charaktereigenschaft, keine bewundernswerte Gewohnheit. Sie ist schlicht und einfach notwendig, denn: Der, der sich am besten an neue Bedingungen anpassen kann, wird letztlich überleben.

Verinnerlichen Sie das. Wenn Sie es nicht an sich heranlassen können, lesen Sie diesen Absatz noch einmal und verinnerlichen Sie das. Sie finden das anstrengend? Schmerzhaft? Wenn es Ihnen egal ist, lesen Sie noch einmal. Bis es wehtut.

## Ängste, aber keine Risiken

Um uns den tatsächlichen Risiken Ihres Unterfangens nähern zu können, sollten wir zunächst eine wichtige Unterscheidung treffen. Gerade, wenn wir lange in einer Lebenssituation gesteckt und diese vor uns selbst und anderen oft gerechtfertigt haben, sind in unserem Kopf häufig falsche Glaubenssätze und Annahmen entstanden.

Wie oft haben Sie sich beispielsweise Ihre berufliche Situation schöngeredet? Sie bleiben in diesem Job, weil er sicher ist? Das bedeutet, dass andere Optionen vergleichsweise unsicher sind. Sie haben sich früher oft eingeredet, dass andere Menschen auch keinen Spaß an ihrem Job haben, denn Arbeit macht nun einmal keinen Spaß? Dann haben Sie sich gleichzeitig auch eingeredet, dass es eh keinen Sinn macht, einen neuen Job anzustreben, denn es gibt ja sowieso keinen Job, der Spaß macht. All diese Glaubenssätze sorgen nicht nur dafür, dass Sie sich Ihren Job schönreden, sondern auch, dass Sie sich die Welt da draußen schlechtreden – und zwar unbemerkt. Bevor wir uns also den tatsächlichen Risiken annähern, müssen Sie genau analysieren, welche Ihrer Sorgen Ängste sind und welche tatsächliche Risiken darstellen. Dafür sollten Sie zunächst all Ihre Sorgen dokumentieren. Dazu dient die folgende Übung.

Nehmen Sie sich wieder Ihr Tagebuch hervor und notieren Sie in den folgenden Tagen das, was Ihnen an Zweifeln, Ängsten, Risiken und Bedenken in Bezug auf den Wechsel in Ihren Traumjob in den Kopf kommt. Achten Sie darauf, Ihre Gefühle so konkret wie möglich zu beschreiben. Führen Sie diese Übung wieder nach dem Sättigungsprinzip durch, also so oft, dass Ihnen keine neuen Punkte mehr in den Kopf kommen, sondern nur die, die Sie bereits aufgeschrieben haben. Sind Sie an diesem Punkt angelangt, strukturieren Sie die Punkte in Kategorien, etwa "Finanzielles", "Persönliche Beziehungen", "Psychologisches Wohlbefinden", "Soziales Leben" oder andere Beispiele, die Ihnen einfallen. Das Ergebnis ist eine konkrete Übersicht über alle Punkte, die Ihnen Sorgen bereiten.

Nach diesem ersten Schritt führen wir nun eine weitere Übung mit dieser Liste durch: Ergänzen Sie für jeden Punkt den konkreten Anlass in der Realität, der Ihre Sorge hervorruft. Bleiben wir bei unserem Beispiel: Unser Hobbykoch hat Angst, durch den Wechsel in seinen Traumberuf seine finanzielle Sicherheit aufs Spiel zu setzen. Der Grund für seine Sorge sind die Schulden, die er und seine Frau in den letzten Jahren angehäuft haben und für die er monatlich eine hohe Rate abzahlen muss. Damit hat seine Sorge einen konkreten Anlass in der Realität. Eine weitere seiner Sorgen ist, dass seine Freunde ihn nach einem Wechsel nicht mehr ernstnehmen würden. Er befürchtet, ihren Respekt zu verlieren, wenn er seine aktuelle, prestigeträchtige Position aufgibt. Der Anlass für diese Sorge? Pure Angst, kein konkreter Anlass in der Realität: Er hat noch nie mit jemandem aus seinem sozialen Umfeld über seine Pläne gesprochen und weiß nicht, ob seine Freunde ihn belächeln oder beglückwünschen würden. Das einzige, was er sicher weiß, ist, dass seine Freunde seine Kochkünste lieben.

Sie sehen, dass für einige Sorgen konkrete, mess- und nachweisbare Anlässe vorliegen, für andere wiederum nicht. Alle Punkte, für die Sie keinen konkreten Anlass in der Realität nachweisen können, können Sie als Angst – und nicht als Risiko – verbuchen. Das bedeutet nicht, dass wir diese Aspekte ignorieren sollten. Diese Kategorisierung verrät uns lediglich, mit welcher Strategie wir welchem Problem begegnen.

Bemerken Sie, dass sich auf Ihrer Liste viele Ängste befinden, für die es eigentlich keinen konkreten Anlass gibt, wird es Zeit, sich mit der Wurzel Ihrer Ängste auseinanderzusetzen: Welche tiefen Annahmen sind es, die Ihnen das Gefühl vermitteln, sich im Leben nicht ohne Gefahr nach rechts oder links bewegen zu können, nicht verändern zu dürfen? Sind Sie täglich von Sorgen dieser Art geplagt, kann es sein, dass Sie diese Angst-Annahmen für bare Münze nehmen und tatsächlich befürchten, Sie könnten alles verlieren, wenn Sie mal etwas ausprobieren, was Ihnen wirklich Freude bereitet.

Wenn Sie aktuell zulassen, dass diese Gedanken völlig frei in Ihren Kopf schießen und Sie kontrollieren, können Achtsamkeitsübungen und Meditation Ihnen dabei helfen, eine Beobachterpositionen einzunehmen und Ihre Angst zu akzeptieren als das, was Sie ist: Eine menschliche Emotion, die jeden von uns stärker oder weniger stark betrifft – und die gleichzeitig aufschlussreiches Wissen über uns selbst preisgibt: Was besorgt uns an so einem großen Schritt am meisten? Vielleicht entdecken wir, dass uns soziale Anerkennung wichtig ist, vielleicht haben wir Angst, unsere Beziehung zu riskieren. Nutzen Sie die Chance, die dieses Wissen mit sich bringt und treten Sie in den Austausch mit Ihrem Umfeld. Öffnen Sie sich und berichten Sie Ihrem Lebensgefährten oder Ihrer Partnerin von Ihren Ängsten, erzählen Sie Ihren Freunden davon, was Sie besorgt. Sie werden sehen: Viele der Sorgen, die Sie mit sich herumtragen, sind unbegründet. Stattdessen können Sie mit einem offenen Austausch über Ihre Gedanken die Beziehung zu den Menschen, die Ihnen wichtig sind, vielleicht sogar vertiefen und damit stärken.

Sollten Sie das Gefühl haben, durch den reinen Gedanken an eine berufliche Neuorientierung in Existenzängste oder Panik zu verfallen, die Sie körperlich spüren und derer Sie nicht Herr werden können, liegt vielleicht eine Angststörung vor, die tiefer sitzende Wurzeln hat. Scheuen Sie in solchen Fällen nicht den Gang zu einer Beratungsstelle oder zu einem Psychologen, der diese tiefen Ängste mit Ihnen ergründen kann. In diesem Falle haben Sie mit Ihrem Wunsch nach einer beruflichen Veränderung etwas aufgedeckt, dass Sie dringend in Angriff nehmen sollten, denn solche Ängste werden Sie auch bei anderen Lebensveränderungen hemmen.

Alle Sorgen hingegen, für die Sie in Ihrer Lebensrealität einen echten Anlass finden, gelten für uns als Risiken. Wie Sie diesen Risiken begegnen können, wollen wir uns nun genauer anschauen.

## Die gängigsten Risiken bei einem Karrierewechsel

Es wird nun Zeit für eine strukturierte und nüchterne Betrachtung der übriggebliebenen Risiken, das heißt derjenigen Sorgen, für die Ihnen Ihre aktuelle Situationen reale Gründe bietet.

Abgesehen von der spezifischen Situation jeder einzelnen Person gibt es einige Risiken, die es mit hoher Wahrscheinlichkeit auf Ihre Liste geschafft haben. Die folgende Auflistung hat keinen Anspruch auf Vollständigkeit – einige Risiken, die für Sie eine Rolle spielen, werden Sie in dieser Liste nicht finden, und einige Risiken, die Sie in dieser Liste finden, werden für Sie nicht relevant sein. Halten Sie daher auch abseits dieses Buches die Augen offen und seien Sie aufmerksam. Sie können etwa weiter regelmäßig überprüfen, ob neue Risiken und Ängste auf Ihre Liste treten müssen.

Egal, ob Sie Ihre Leidenschaft als Selbstständiger oder als Angestellter ausleben wollen – die Risiken sind zwar je nach Fall unterschiedlich gewichtet, ähneln sich aber grundsätzlich. In einem ersten Schritt werden wir diese Risiken nun näher beschreiben, damit wir ein tieferes Verständnis für sie entwickeln und uns mit ihnen konfrontieren. Doch keine Sorge – wir verharren nicht auf einer reinen Erkenntnis unserer Risiken. Schon im nächsten Schritt wird es darum gehen, wie Sie den Risiken in den genannten Kategorien vorbeugen können.

### Risiko 1: Finanzielle Unsicherheit

Die finanzielle Unsicherheit eines Karrierewechsels ist zweifelsohne das Risiko, das die meisten von einem Übergang in den Traumjob abhält. Wenn Sie mehrere Jahre in einem Berufsfeld gearbeitet, sich hier Kompetenzen aufgebaut und Erfahrungszeit gesammelt haben, wird man Ihnen für diese Tätigkeit mehr Geld anbieten als für eine Tätigkeit, die Sie erst seit einigen Monaten nebenbei ausüben. Vielleicht wechseln Sie auch in eine Branche oder einen Berufsstand, bei dem die Gehälter im Durchschnitt ohnehin niedriger sind. Bleiben wir bei unserem Beispiel: Die Gastronomie zahlt wahrscheinlich wesentlich geringere Gehälter als die Bankenbranche. In einer Selbstständigkeit müssen Sie auf einmal Kunden selbst akquirieren – eine volatile Auftragslage kann hier zu Schwankungen in Ihren Einkünften führen. Dies gilt vor allem für die Anfangszeit, in der Sie noch weiter an Ihren Fähigkeiten, Ihrer Arbeitsweise und Ihrem Business-Modell arbeiten müssen. Erst nach einer gewissen Zeit werden Sie wahrscheinlich Stammkunden gewonnen haben, die Ihnen ein einigermaßen sicheres und regelmäßiges Einkommen garantieren. Bis dahin ist das Risiko der finanziellen Unsicherheit für viele, die hauptberuflich ihren Traumjob ausüben wollen, tatsächlich gegeben.

### Risiko 2: Hoher Lernaufwand

Wenn Sie bereits einige, selbst wenige, Berufsjahre hinter sich haben, werden Sie bereits relativ gut in Ihrem Feld sein. Wir haben in diesem Buch bereits ausführlich darüber gesprochen, dass das Lernen nun Teil Ihres Lebens und Arbeitens werden muss. Und dennoch: In einer nebenberuflichen Hobby-Tätigkeit zu lernen, ist etwas Anderes, als für Ihren Hauptberuf zu lernen. Im Hauptberuf erfahren Sie den Druck, Ihr Handwerk so gut beherrschen zu müssen, dass Kunden oder ein Arbeitgeber bereit sind, Ihnen so viel zahlen, dass es für den Lebensunterhalt reicht.

Sie werden außerdem häufig in Situationen kommen, in denen klar wird, dass Sie etwas noch nicht wissen, Sie der oder die Neue sind, Dinge erfragen und verstehen müssen. Gerade wenn wir vorher, also in unserem alten Beruf, Arbeitsschritte aus dem FF ausüben konnten, kann es ungewohnt, frustrierend und demotivierend sein, bei unseren neuen täglichen Aufgaben immer wieder an unsere Grenzen zu stoßen. Es kann ermüdend sein, wenn wir unsere Feierabende und Wochenende mit Lernen, Lesen oder dem Einarbeiten in bestimmte Tools verbringen müssen. Es kann sich entwürdigend und peinlich anfühlen, immer wieder nach Hilfe zu fragen. Es kann zusätzliche Kosten verursachen, sich einen Kurs oder ein Coaching leisten zu müssen, um den nächsten wichtige Schritt zu lernen.

### Risiko 3: Organisatorische Umstellung

Eine neue Karriere bedeutet auch immer, Ihre Gewohnheiten umstellen zu müssen. Was bedeutet das? Vielleicht bietet Ihnen Ihr neuer Job keine Gleitzeit, sondern fixe Arbeitszeiten oder ein Schichtsystem. Vielleicht müssen Sie nun auch ab und zu am Wochenende arbeiten. Vielleicht müssen Sie Fortbildungen am Wochenende oder nach Feierabend besuchen und können nun etwa Ihr Ehrenamt im Verein nicht mehr ausüben oder Ihren Fitnesskurs nicht mehr besuchen. Vielleicht betrifft dieses Risiko aber auch Ihren Arbeitsablauf an sich: Eventuell haben Sie vorher vor allem stille Arbeit am Schreibtisch ausgeübt und sind nun zwei oder drei Tage in der Woche unterwegs bei einem Kunden. Vielleicht haben Sie vorher viel Kundenkontakt gehabt, der Ihren Arbeitsalltag bestimmt und reguliert hat, und sind jetzt als Autor oder Autorin tätig, sodass Sie Ihren gesamten Arbeitsalltag selbst organisieren müssen. Kommen Sie aus einer Festanstellung in eine Selbstständigkeit, ist die neue organisatorische Umstellung sogar eine noch größere Herausforderung. Nicht nur müssen Sie sich nun mit neuen Dingen, etwa rechtlichen und steuerlichen Rahmenbedingungen auseinandersetzen, mit denen Sie sich bisher nicht befassen mussten. Sie sind außerdem für Ihr eigenes Projektmanagement und Ihre eigene Effizienz verantwortlich. Klingt nach Freiheit? Kann sein. Gleichzeitig kann es viele Menschen, die aus einer Festanstellung kommen, überfordern und damit massiven Stress verursachen.

### Risiko 4: Unverständnis aus dem sozialen Umfeld

Mit all den Risiken, von denen wir bis jetzt gesprochen haben, kommt ein weiteres Risiko dazu. Sie werden vielleicht weniger Geld haben, werden weniger Freizeit haben und vielleicht sogar gestresster sein als vorher. Sie müssen gegebenenfalls Verabredungen absagen und Termine verschieben – in jedem Falle werden Sie während der Zeit der Umstellung viel Zeit in sich selbst und in Ihren Karrierewechsel investieren müssen. Einige Menschen in Ihrem Umfeld werden Sie dafür bewundern. Schließlich gehen Sie einen mutigen Weg, an dessen Ende ein glücklicheres und erfüllteres Leben steht. Andere Menschen, vor allem diejenigen, die in Ihrem alten System verharren, werden dafür hingegen kein Verständnis aufbringen können. Es kann Beschwerden darüber geben, dass Sie weniger Zeit für Ihr Umfeld haben. Es kann Streit darüber geben, dass Sie dieses Jahr mit Ihrem Partner oder Ihrer Partnerin die teure Reise in ein exotisches Land nicht antreten können. Es kann Gelächter darüber geben, dass Sie Ihren grandiosen, hoch bezahlten Job vielleicht gegen eine unsichere, niedriger bezahlte Anstellung oder eine unsichere Selbstständigkeit eintauschen. Machen Sie sich also darauf gefasst, nicht von allen Seiten Zuspruch zu erhalten.

### Risiko 5: Desillusionierung

Eins der größten Risiken ist es schließlich, dass Ihnen Ihr Traumjob keinen Spaß macht. Verständlich, denn Fakt ist: An diesem Punkt Ihrer Reise können Sie noch nicht klar wissen, wie es sich tatsächlich anfühlt, in Vollzeit in Ihrem Traumjob arbeiten zu müssen, in Ihrer Leidenschaft auch Leistung bringen zu müssen. Wir haben versucht, diesem Risiko vorzubeugen, indem Sie bereits Ihre Leidenschaft in einem Hobby ausgeübt und immer weiter professionalisiert haben. Aber die bittere Wahrheit ist: Sie werden vorab nie vollständig einschätzen können, ob Sie der neue Job wirklich so sehr erfüllt, wie Sie es sich erhoffen. Es könnte sein, dass Sie nach einiger Zeit merken, dass Sie auch dieser Job nicht erfüllt. In diesem Falle kann es passieren, dass Sie in ein noch tieferes Loch stürzen.

In welcher Weise bedrohen Sie die genannten Risken? Nun, bringen wir etwas Licht ins Dunkel. Vielleicht wird Ihnen die Bedürfnispyramide nach Maslow bekannt vorkommen. Sie zeigt von unten nach oben unsere wichtigsten menschlichen Bedürfnisse in folgender Reihenfolge: 1. Körperliche Grundbedürfnisse, 2. Sicherheitsbedürfnisse, 3. Soziale Bedürfnisse, 4. Wertschätzung, 5. Selbstverwirklichung. Obwohl dieses Schaubild schon einige Jahre auf dem Buckel hat, enthält es eine spannende Kernbotschaft, die für unsere Betrachtung von Risiken hilfreich sein kann: Die Bedürfnispyramide sagt aus, dass die Bedürfnisse von unten nach oben erfüllt werden müssen, d.h. Sie müssen zuerst Ihre körperlichen Bedürfnisse nach Nahrung oder Schlaf sicherstellen, bevor Sie sich um die oberen Bedürfnisse der sozialen Anerkennung kümmern können. Sie können sich also nicht selbst verwirklichen, wenn Sie keine Nahrung oder keinen Schlaf haben (können Sie natürlich schon, aber das Ganze geht nicht lange gut, d.h. das Prinzip der Pyramide ist eher langfristig zu sehen).

Mit Ihrem Traumjob zielen Sie nun darauf ab, das Bedürfnis in der Spitze der Pyramide, das Bedürfnis nach Selbstverwirklichung, zu befriedigen. Damit wagen Sie sich auf unbekanntes Terrain, denn schließlich haben Sie bisher Ihren alten Job mit der Befriedigung der zwei unteren, wichtigen Bedürfnisse (körperliche Bedürfnisse und Sicherheitsbedürfnisse) gerechtfertigt. Jetzt bringen Sie sich selbst in eine Situation, in der diese vier Bedürfnisse gefühlt in ihrer Befriedigung bedroht werden. Wir rütteln also an dem Fundament, das Sie sich über Jahre hinweg sorgfältig aufgebaut haben, um Ihre wichtigsten Bedürfnisse zu befriedigen. Die gute Nachricht: Wir können Ihr Fundament sichern und dafür sorgen, dass Sie auf die Befriedigung von keinem Ihrer Bedürfnisse verzichten müssen, kurzum: die

Risiken Ihres Karrierewechsels lassen sich mit einigen Maßnahmen reduzieren.

### Sichern Sie sich ab: Wie Sie Ihren Risiken gezielt begegnen können

Erinnern Sie sich an das Versprechen, das Sie sich selbst darüber geben sollten, jeden Tag eine bestimmte Zeitspanne in die Arbeit an Ihrem Traumberuf zu investieren? Mit diesem Versprechen wollten wir möglichst günstige Bedingungen schaffen: Indem die Arbeit an Ihrem Traumjob eine Gewohnheit wird, sollten Sie die Wahrscheinlichkeit erhöhen, dass Sie am Ball bleiben. Sie sollten sich nicht auf Glück, gute Laune, Motivation oder Disziplin verlassen, sondern Ihr mächtiges Unterbewusstsein damit beauftragen, nach der eingeführten Gewohnheit zu rufen. Einen ähnlichen Zweck hat diese Aufgabe: Wir wollen möglichst optimale Bedingungen dafür schaffen, dass Sie am Ball bleiben. Um dies zu schaffen, wollen wir die Risiken, die wir bereits kennen, so gut es eben geht, minimieren.

Und noch eine Parallele gibt es zu unserer vorherigen Übung der Gewohnheitseinführung. Wir mussten die Gewohnheit, am Traumjob zu arbeiten, schließlich einführen, weil Sie vorher eine andere Gewohnheit etabliert hatten. Es gab bisher kein Zeitfenster während Ihres Tages, in dem Sie an Ihren Träumen gearbeitet haben. Stattdessen haben Sie andere Gewohnheiten etabliert, etwa Entspannung, Zeitvertreib oder Sport. Ähnlich ist es auch mit der Risikobetrachtung. Auch hier entstehen die meisten Risiken daraus, dass Sie bis jetzt bestimmte Gewohnheiten etabliert haben: hohe Konsumausgaben, seltenes Lernen oder die Tatsache, dass Sie sich bisher vielleicht zu sehr über Ihren Beruf, Ihren Status oder Ihr Geld definiert haben. Vielleicht haben Sie in der Vergangenheit auch eher selten Ihr eigenes Ding gemacht, zu sehr darauf geachtet, den Erwartungen Ihres Umfelds gerecht zu werden, Ihre Zeit zu sehr im Sinne anderer Menschen eingeteilt, zu selten nein gesagt, zu wenig für sich getan. Ganz egal, wie es bisher war: Wir werden dafür sorgen, dass Sie neue Gewohnheiten etablieren, die für das Leben Ihres Traums förderlich sind.

### Risikostrategie 1: Finanzielle Sicherheit aufbauen

Der wohl bedeutendste Schritt, den Sie tun können, um wesentlichen Risiken bei Ihrem Karrierewechsel zu begegnen, ist es, Ihre Finanzen in den Griff zu bekommen. Es gibt viele Menschen, die denken, es gäbe in ihrem Leben keinen Punkt, an dem sie weiter sparen könnten. Tatsache ist: Nur ein Bruchteil der Menschen führt tatsächlich so akkurat und konsistent ein Haushaltsbuch, dass er diese Aussage auf solide Füße stellen kann. Viele Festangestellte, die regelmäßig ein hohes Gehalt beziehen und auch mit einer Gehaltserhöhung rechnen können, haben sich an hohe Fixkosten und einen teuren Lebensstil gewöhnt, der ihnen jeden Monat wieder so teure Ausgaben beschert, dass sie absolut abhängig von ihrem Job geworden sind. Ein Eintritt in einen niedriger bezahlten Job ist nun kaum noch möglich. Einige Single-Haushalte kommen selbst in günstigen Regionen auf Fixkosten von 1500 Euro und mehr. Das bedeutet für die Betroffenen, dass sie mindestens einen Job benötigen, der ihnen etwa 60.000 Euro Bruttogehalt einbringt. Damit müsste man rund doppelt so viel verdienen wie der Durchschnittsdeutsche. Wenn das klappt – super! Es muss allerdings klar sein, dass wir uns dadurch unser eigenes Gefängnis geschaffen haben. Viele tun dies auch, um sich zu trösten: Wenn man schon im Job leiden muss, dann sollte man sich doch wenigstens etwas gönnen dürfen, oder? Schmerzensgeld! Für die meisten führt dies dazu, dass sie trotz hohem Gehalt über nahezu keine oder nur über unbedeutend geringe Rücklagen verfügen, die vielleicht maximal für den nächsten Strandurlaub ausreichen.

Lassen Sie uns die Karten also auf den Tisch legen: Das finanzielle Risiko, das Ihnen nun bei einem Karrierewechsel begegnet, war die ganze Zeit da und wird keineswegs vom Karrierewechsel ausgelöst – es wird lediglich von ihm offengelegt. Der eigentliche Ursprung jedoch ist die Tatsache, dass Sie Ihre Ausgaben nicht kontrollieren. Ihre Ausgaben kontrollieren Sie. Und die Konsequenzen dafür könnten Sie genauso gut in einer anderen Situation zu spüren kriegen, zum Beispiel, wenn Ihr Unternehmen Stellen abbaut oder Sie aus gesundheitlichen Gründen in Teilzeit wechseln müssten.

Das erste, was Sie also tun sollten, um dem Risiko der finanziellen Unsicherheit zu begegnen, ist das Aufbauen eines Sparpolster mit einem Notfallgroschen. Als Faustregel sollte dieser Notgroschen drei Monats-Nettogehälter umfassen. Drei Monatsgehälter sind viel, wenn Sie ein hohes Gehalt beziehen. Sind Sie immer noch so froh, in einem hochbezahlten Job zu sein? Die Faustregel von drei Monats-Nettogehältern ist keine Schikane meinerseits. Es ist die Menge an Geld, die Sie vernünftigerweise immer (!) auf einem Sparkonto zurückgelegt haben sollten für den Fall, dass Ihnen etwas zustößt, dass Sie krank werden, dass Sie eine berufliche Auszeit brauchen.

Auf dem Weg zum Aufbau dieses Polsters wird es Ihnen helfen, ein Haushaltsbuch zu führen. Sie brauchen dafür keine App, keine aufwendige ausgeklügelte Excel-Tabelle. Nehmen Sie sich ein kleines Notizbuch oder ein leeres Google-Doc oder Word-Dokument, in dem Sie Ihre Einnahmen, Fixkosten und Ihre täglichen Ausgaben notieren. Führen Sie Ihr Haushaltsbuch jeden Tag. Nach etwa drei Monaten haben Sie den Bogen raus, haben auch verdeckte Kosten aufgedeckt und – raten Sie mal – eine Gewohnheit daraus gemacht. Ihr Haushaltsbuch wird Sie dazu motivieren, Ihre Kosten zu reduzieren, das verspreche ich Ihnen.

Es lohnt sich, diesem Drang nachzugehen und tatsächlich zu versuchen, Ihre monatlichen Ausgaben zu reduzieren. Nehmen Sie sich an jedem Monatsende einen Rotschrift und markieren Sie nachträglich in Ihrem Haushaltsbuch diejenigen Ausgaben, die sich aus Ihrer Sicht hätten vermeiden lassen. Achten Sie darauf: Gibt es unnütze Ausgaben, die sich jeden Monat oder jede Woche wiederholen? Sie müssen manchmal einfach raus aus dem Büro und einen Kaffee to go bei Ihrem liebsten Cafè mitnehmen? Kaufen Sie sich einen Thermobecher, nehmen Sie Ihren Kaffee morgens von Zuhause mit und machen Sie einen Spaziergang. Und wenn Sie sich denken "Aber ich muss mir doch etwas gönnen dürfen", dann führen Sie sich wieder den Sinn von all dem vor Augen. Sie dürfen sich etwas gönnen: Die Freiheit, Ihre Träume zu leben, die Freiheit, unabhängiger zu werden, die Freiheit, sich sicherer zu fühlen – und viele neue Erkenntnisse auf dem Weg dahin zu gewinnen. Glauben Sie mir, spätestens nach einigen Wochen werden Sie den "fremden" Kaffee nicht mehr vermissen.

Ein weiterer Schritt, der für Sie in zum Abbau der finanziellen Unsicherheit eine wesentliche Rolle spielen wird, ist das Informieren über Möglichkeiten zum Sparen und zum Geldanlegen. Nein, Sie sollen nicht zum Zocker an der Börse werden. Es lohnt sich allerdings, sich über relativ sichere Anlageformen wie Tagesgeldkonten und ETFs zu informieren. Investieren Sie hier regelmäßig Beträge (mit nur 25 Euro pro Monat können Sie beginnen), die Ihnen nicht wehtun, und schaffen Sie sich damit ein zusätzliches finanzielles Backup, das jeden Monat wächst und wächst.

### Risikostrategie 2: Hohen Lernaufwand zur neuen Gewohnheit machen

Hoher Lernaufwand bedeutet vor allem zwei Dinge: Sie müssen Ihren Stolz überwinden und Sie müssen einen neuen Aufwand in Ihren Alltag einplanen, nämlich das Lernen und Weiterbilden. In Sachen Stolz gibt es keinen cleveren Kniff, keinen ultimativen Tipp, keine geheime Strategie, die Sie anwenden können. Sie müssen einfach wieder lernen, um Hilfe zu bitten und diese auch anzunehmen. Werden Sie ein aufmerksamer Zuhörer, machen Sie Notizen – nicht nur darüber, was Ihnen erklärt wurde, sondern notieren Sie auch, was Sie an einem Tag gelernt haben, was Sie sich noch anschauen müssen und was Sie noch nicht wissen. Sie werden schnell erkennen, dass Sie auch aus den kleinen Akten des Lernens und Nachfragens eine Gewohnheit machen können.

Für das andere Problem, nämlich die Tatsache, dass Sie nun mit einem neuen Aufwand konfrontiert sind, gibt es unterschiedliche Möglichkeiten. Auf dem Weg, Ihre Leidenschaft zu Ihrer Haupteinnahmequelle zu machen, sollten Sie dringend ein festes, größeres Zeitfenster für das Lernen außerhalb Ihrer Arbeit einplanen – ganz egal, ob Sie als Angestellter, als Selbstständiger oder als Unternehmer arbeiten. Regelmäßiges Lernen ist gerade am Anfang ein wesentlicher Erfolgsfaktor. Sorgen Sie für ein festes Zeitfenster, in dem Sie sich Ihr Notizbuch aus dem Arbeitsalltag hervorholen und die Dinge lernen, die Sie notiert haben. Sie können dafür einen ganzen Abend in der Woche wählen oder jeden Tag eine Stunde länger auf der Arbeit bleiben, um Ihre Themen aufzuarbeiten. Ich empfehle Ihnen, diese "Lernzeit" auf die Morgenstunden zu verlegen, weil unsere Konzentration hier meist höher ist. Ein früher Sonntagmorgen, den Sie ganz in Ruhe jede Woche in wertvolles Lernen investieren, kann hier wahre Wunder wirken.

### Risikostrategie 3: Eine gelungene organisatorische Umstellung

Der Zwang, sein Leben und dessen Strukturen, seine Gewohnheiten und Abläufe ändern zu müssen, halten viele Menschen von großen Dingen ab. Wir haben uns ein Leben aufgebaut, in dem unser Lebenswandel vermeintlich die Befriedigung unserer Bedürfnisse sichert. Was also, wenn wir beim neuen Lebensmodell nicht genug Schlaf bekommen? Was, wenn wir so gestresst sind, dass wir keine Ruhe finden und krank werden? Was, wenn wir alle Freundschaften verlieren und alles zu viel wird? Nun, zunächst einmal sollten wir gemeinsam festhalten, dass Ihr aktueller Lebenswandel für Sie nicht funktioniert. Nicht ohne Grund haben Sie Geld für dieses Buch ausgegeben. In Ihnen herrscht wahrscheinlich entweder eine Unzufriedenheit mit dem Status Quo, die Sie aus der aktuellen Situation herausdrückt, oder eine große Sehnsucht nach etwas Neuem, das Sie aus der Situation hinauszieht. Ihre Bedürfnisse sind also mit Ihrer aktuellen Tagesorganisation nicht befriedigt.

Jetzt, wo wir dies klargestellt haben, wird deutlich, dass eine Veränderung der Situation sowieso herbeigeführt werden muss. Während Sie Ihren Tag bisher vielleicht so gelebt haben, dass Sie zur Arbeit gehen und dort in Ihrem gewohnten Trott Ihre Aufgaben erledigt haben, müssen Sie sich nun damit auseinandersetzen, dass Sie mehr zu tun haben: Sie müssen nicht nur lernen, neue Aufgaben zu erledigen und zu organisieren, Sie haben auch in Ihrem Alltag mehr zu tun – vielleicht weil Sie in eine Selbstständigkeit gelangt sind, mindestens aber, weil Sie sich weiter in Ihren neuen Job hineinfuchsen und neben dem Beruf weiter lernen müssen. Es wird also Zeit, sich mit Themen wie Produktivität, Arbeitsmethoden und Aufgabenstrukturierung auseinanderzusetzen.

Es gibt verschiedene Methoden, mit denen Sie es schaffen können, mehr Aufgaben in kürzerer Zeit zu erledigen oder neue Themen für sich zu erschließen. Es wird Zeit, sich hier einzulesen: Greifen Sie sich Bücher über Produktivitäts-Hacks, so wie etwa "The One Thing" von Gary Keller oder "Getting Things Done" von David Allen. Entwickeln Sie einen stringenteren Tagesplan und eliminieren Sie überflüssige Ablenkungen. An dieser Stelle möchte ich Ihnen einen tieferen Einblick über unseren Hobbykoch geben, der seine ersten Schritte in die berufliche Neuorientierung bereits gewagt hat und ein Beispiel dafür sein kann, wie ein neuer Tagesablauf in einer solchen Situation aussehen kann:

## Ein neues Leben

Marius hat vor, in seinen Traumjob zu wechseln. Er weiß, dass er dann, neben seiner Vollzeitbeschäftigung, immer weiter lernen und sich mit der Community vernetzen muss, um sich in den neuen Job einzuarbeiten und eine Karriere aufzubauen. Gleichzeitig weiß er, dass der Umstieg eine hohe emotionale Kraftanstrengung werden wird.

Sein bisher sehr geregelter und bequemer Alltag ließ zu, dass er nach Feierabend und am Wochenende genug Zeit für das Nichtstun hatte – er verfolgte spannende Serien, sah großartige Filme, verspielte Zeit beim Onlineshopping, ohne sich dabei schlecht zu fühlen.

In diesen Alltag treten nun mehrere neue Dinge: Marius will in der Ausübung seines Traumjobs immer besser werden, will sich mehr Wissen aneignen und Dinge ausprobieren. Er will damit seine Chancen darauf erhöhen, dass der Karrierewechsel gelingt und ihn ein neuer Arbeitgeber in dieser Tätigkeit einstellt. Aus diesem Grunde hat er sich fest vorgenommen, neben seinem regulären, aktuellen Job als Bankangestellter weiter zu lernen.

Um seine Ängste vor der beruflichen Neuorientierung zu regulieren und die Motivation zum Wechseln aufrechtzuerhalten, will er Meditation und das Tagebuchschreiben in seinen Alltag integrieren, ebenso wie das Hören von Motivations-Podcasts. So will er sein Mindset in die richtige Richtung bringen.

Zunächst scheinen all diese neuen Aktivitäten kaum Platz in seinem Alltag zu haben: Marius hat Angst, dass er nun nicht mehr genug Erholung von seinem Hauptjob bekommt und dass alles stressiger wird als zuvor. Doch er ist entschlossen. Mutig

Ihr soziales Umfeld hat vor allem dann ein Problem mit Ihrer neuen Karriere, wenn Sie es von Ihrer Entwicklung ausschließen. Sie haben zwar niemandem gegenüber die Pflicht, sich zu erklären – aber es wird helfen. Wenn Sie sich Ihrem Umfeld öffnen und Ihre Pläne und Visionen teilen, kann es sogar sein, dass Sie völlig neue Seiten an Ihren Freunden und Bekannten kennenlernen. Vielleicht entzünden Sie in dem einen oder anderen ein Feuer und gewinnen damit einen Verbündeten.

Es gibt viele konstruktive Wege, Ihr Umfeld sinnvoll in Ihren Weg einzubinden. Sie können sich etwa einen sogenannten Accountability Partner, also einen Partner suchen, mit dem Sie Ihre persönliche Entwicklung zusammen durchziehen. Dafür müssen Sie nicht unbedingt gemeinsam am Schreibtisch sitzen. Bei einem Accountability Partner geht es darum, dass Sie sich jeweils ein Ziel setzen und sich dann gegenseitig dafür motivieren und sich kleinere und größere Versprechen geben. So könnten Sie und Ihr Accountability-Partner sich etwa jeden Sonntag zu einer kleinen Sessions zusammensetzen, in der jeder an seinen Zielen arbeitet. Diese Strategie kann ich persönlich empfehlen – Sie hat mich bei meiner Doktorarbeit und auch beim Verfassen dieses Buches wesentlich nach vorn gebracht. Auch der regelmäßige persönliche Austausch mit jemandem, der ebenfalls an seinen Zielen arbeitet, kann neue Einblicke ins Arbeiten, Lernen und Kreieren bringen. Probieren Sie es aus und suchen Sie in Ihrem Umfeld nach Verbündeten, die ebenfalls ambitioniert auf ein eigenes Ziel hinarbeiten wollen.

Während dieser Schritt für einige eine sinnvolle Hilfe darstellt, ist sie für andere schlicht unerlässlich – nämlich immer dann, wenn Sie neben sich selbst auch noch Verantwortung für andere Menschen tragen, etwa für Kinder oder einen Angehörigen, den Sie pflegen. Bitten Sie Ihren

Partner, bitten Sie Freunde, bitten Sie Verwandte um Hilfe. Sprechen Sie mit Ihren Kindern. Besprechen Sie mit diesen Menschen, was Sie von ihnen brauchen (etwa "Ich brauche jeden Sonntagmorgen zwei Stunden für mich"). Wenn sich diese Personen schwertun, fragen Sie, was Sie im Gegenzug tun können.

Bemerken Sie hingegen, dass es in Ihrem Umfeld Menschen gibt, die Ihre Pläne schlechtreden, die partout kein Verständnis für Ihren Weg aufbringen wollen und Sie boykottieren, indem sie Ihnen ein schlechtes Gewissen machen oder Ihnen aus Prinzip keine Arbeit abnehmen, sollten Sie darüber nachdenken, ob diese Menschen wirklich Ihr Bestes wollen. Wahre Freunde und ein liebender Partner verhalten sich nicht so. Wie bei Ihren finanziellen Problemen kann daher auch in diesem Falle gelten: Der Wechsel in Ihre Traumkarriere verursacht kein Problem mit Ihrem sozialen Umfeld. Es legt lediglich bestehende Probleme offen. Eliminieren Sie vermeintliche Freundschaften und Beziehungen zu Menschen, die Ihnen Ihr Glück nicht gönnen oder die Ihnen die Unterstützung bei der Umsetzung Ihrer Träume aus nicht nachvollziehbaren Gründen verweigern.

### Risikostrategie 5: Probieren geht über Studieren!

Sie haben gedacht, der Wechsel in den Traumjob ist der Schlüssel zu einem besseren, erfüllteren, lebendigeren Leben, doch dieser Mythos verliert schnell seine Magie, wenn Sie mit den alltäglichen Problemen und Herausforderungen des Vollzeitjobs oder der Selbstständigkeit in diesem Bereich konfrontiert sind. Dieses Risiko wird vor allem zu Beginn Ihres Wechsels groß sein, denn mit dem Träumen und dem Ausmalen von großartigen Szenarien haben wir uns bis hierhin zu diesem Schritt motiviert – und die Realität sieht nun einmal anders aus. Arbeit kann anstrengend, zermürbend, frustrierend sein, selbst wenn Sie inhaltlich an einer Aufgabe arbeiten, die Sie erfüllt.

Dies kann unterschiedliche Gründe haben. Der erste Schritt, um diesem Risiko zu begegnen, sollte also darin bestehen, die Gründe für Ihre Unzufriedenheit kennenzulernen und über ein "So hab ich mir das nicht vorgestellt" hinauszugehen. Überprüfen Sie alle Faktoren: Ist die Beschäftigungsform, d.h. die Selbstständigkeit oder das Angestelltenverhätlnis, die richtige Wahl für Sie? Ist das Unternehmen, bei dem Sie arbeiten, oder die Kunden, für die Sie arbeiten, für Sie das Richtige? Arbeiten Sie zu viele Stunden? Sie können zum Nachkontrollieren auf Kapitel 4, Schritt 1, dieses Buches zurückgreifen und überprüfen, ob Ihre Unzufriedenheit wirklich darin begründet liegt, dass Sie nun doch nicht in Ihrem Traumjob arbeiten.

Tauschen Sie sich außerdem mit Branchenkennern und erfahrenen Kollegen aus, um Ihre Branche und Ihr Unternehmen besser kennenzulernen. Und am wichtigsten: Geben Sie der ganzen Sache Zeit. Wir neigen zu unglaublich starker Ungeduld, in allen Angelegenheiten unseres Lebens. Geben Sie sich mindestens ein Jahr Zeit, um in Ihrem neuen Job anzukommen und bleiben Sie positiv. Und für den Fall, dass Sie nach dieser Zeit immer noch der Meinung sind, dass dies der falsche Schritt war, rufen Sie sich in Erinnerung, dass auch der letzte Job Sie nicht glücklich gemacht hat. Ein Wechsel zurück sollte also gut überlegt sein. Stattdessen lohnt es sich, darüber nachzudenken, ob Sie den Karrierewechsel nicht als Startpunkt für einen weiteren Wandel nutzen können: Ihre neue Tätigkeit als Food-Journalist macht Ihnen keinen Spaß, aber das Fotografieren, das Sie manchmal in diesem Job übernehmen müssen, ist großartig? Dann bewegen Sie sich von hier aus weiter in diese Richtung: Schärfen Sie Ihre Fähigkeiten in diesem Bereich und versuchen Sie, damit Ihren Chef davon zu überzeugen, eher Aufgaben im Bereich Fotografie wahrnehmen zu dürfen, oder versuchen Sie, Kundenaufträge in diesem Bereich zu gewinnen.

Trotz all dieser Vorbereitungen – denken Sie daran: Es ist unmöglich, sich auf alle potenziellen Risiken einzustellen. Vertrauen Sie darauf, dass Sie auch in der Lage sind, mit

Risiken umzugehen, wenn diese auftauchen. Sie begeben sich auf ein Abenteuer, das in Ihnen Lebendigkeit wecken soll. Dazu gehört es, mit unerwarteten Situationen umzugehen. Falls Sie ab und zu der Mut verlässt – greifen Sie wieder zu Ihrem Erfolgsszenario vom Anfang. So können Sie sich in Erinnerung rufen, wofür Sie all das tun. Sollten Sie es schaffen, weiter positiv zu bleiben und die kleinen und größeren Herausforderungen Ihres Karrierewechsels zu bewältigen, werden Sie um viele wertvolle Fähigkeiten reicher sein. Im besten Falle haben Sie nun Ihre Finanzen im Griff, haben eine produktive und zufriedenstellende Alltags- und Arbeitsstruktur als Gewohnheit etabliert, wissen, welche Freunde, Bekannte und Verwandte voll hinter Ihnen stehen, und haben sich selbst Mut bewiesen. Selbst im schlimmsten Worst Case-Szenario, nämlich wenn Sie weiter nach Ihrem Traumjob suchen müssen, haben Sie also viele neue Fähigkeiten und Erkenntnisse gewonnen, die Ihnen in Ihrem Leben weiterhelfen werden.

### Das Ergebnis dieses Kapitels

Dieses Kapitel hat Ihnen gezeigt, welche Möglichkeiten Sie haben, um sich in Ihrem Hobby das erste Mal zu professionalisieren und damit Geld zu verdienen. Sie haben außerdem gelernt, Risiken von Ängsten zu unterscheiden. Neben den gängigsten Risiken einer beruflichen Neurorientierung hat das Kapitel auch hilfreiche Strategien gezeigt, um diesen Risiken zu begegnen. Ein praktisches Beispiel hat schließlich gezeigt, wie ein neuer Tagesablauf, der Ihren Karrierewechsel unterstützt, aussehen kann.

# SCHRITT 7: PROFESSIONALISIEREN SIE SICH WEITER

Jetzt, wo Sie sich der Risiken bewusster sind, sollten Sie langsam ernst machen: Sie sollten Ihr Hobby oder Ihren Nebenjob, der Ihre Leidenschaft abdeckt, schrittweise auf ein Professionalitätslevel bringen, das Ihnen ermöglicht, so zu arbeiten, dass Sie eine professionelle Arbeitserfahrung in Ihrer Leidenschaft entwickeln. Dies geht über das reine Hobby, also zum Beispiel über das sporadische Verfassen von Blog-Artikeln über Lebensmittel und Rezepte oder über das unregelmäßige Filmen von Food-Videos für einzelne Auftraggeber, hinaus. Ganz egal, ob Sie diese Tätigkeiten nur als Hobby oder als Nebenbeschäftigung ausüben, wir behalten den Fokus: Das ultimative Ziel besteht darin, den Lebensunterhalt mit Ihrer Leidenschaft zu verdienen. Mit diesem Kapitel wollen wir uns diesem Ziel nun weiter annähern.

## PROFESSIONALISIEREN SIE IHRE ARBEITSWEISE

Sie wollen nicht nur ausüben, was Sie ausüben – Sie wollen richtig gut sein. Die Welt soll sehen und spüren, dass Sie im Bereich Ihrer Leidenschaft arbeiten. Dass das hier Ihr Heimspiel ist. Deswegen dürfen Sie nach dem ersten Tätigwerden nun noch mehr Enthusiasmus und Energie in Ihr Nebenprojekt legen, das hoffentlich bald zu Ihrer Haupteinnahmequelle wird.

Zum Professionalisieren gehört Methoden- und Toolkompetenz: Sie sollten frühzeitig überprüfen, ob es in Ihrem Bereich Tools und Systeme gibt, die besonders häufig zum Einsatz kommen. Gerade bei kreativer Arbeit sind es Softwareprogramme, bei einem Heilpraktiker könnte es bestimmte Standardwerke sein, die jeder gelesen haben sollte, bei einem Foodblogger ist es vielleicht der Umgang mit technischen Systemen wie WordPress. Informieren Sie sich über diese Basiskompetenzen und lernen bzw. lesen Sie sich ein. Wenn dies die gängigen Methoden und Tools in Ihrer Branche sind, sollten Sie sie kennen und verwenden. Dies kann unter Umständen später bei der Bewerbung um eine Anstellung, aber auch für die freie Zusammenarbeit mit Kunden in der Selbstständigkeit, eine entscheidende Rolle spielen. Schauen Sie stets jedoch auch über den Tellerrand: Informieren Sie sich über die neuesten Trends, über Bewegungen in der Branche, über Nischen. Es sind die Dinge, mit denen Sie gegebenenfalls bei Ihren Kunden oder bei Ihrem Arbeitgeber überzeugen können.

Mir fällt jedoch immer wieder auf, wie wenig Menschen in einer Festanstellung (noch dazu in einer, in der Sie nicht Ihrer Leidenschaft nachgehen) dies regelmäßig tun. Daher: Lesen Sie Blogs aus der Szene, schauen Sie Videos auf YouTube, lesen Sie Fachzeitschriften und besuchen Sie Konferenzen, Meetups oder anderen fachliche Events, bei denen Sie Näheres darüber erfahren, was im Umfeld Ihres zukünftigen Berufs so passiert. In Branchen wie der Softwareentwicklung ist dieses Bemühen um permanente Aktualität der eigenen Kenntnisse eine zwingend notwendige Normalität – in anderen, vor allem älteren Branchen, leider nicht.

## Stellen Sie die richtigen Fragen – und beziehen Sie Kompetenzen ein

In der Schule wird uns beigebracht, alles allein zu machen: Wir müssen alle Tests allein bestehen, sonst kriegen wir keine Note oder fallen durch die Prüfung. Gruppenarbeit bleibt die Ausnahme. Wir lernen fleißig Vokabeln und Regeln, so als müsse man uns auf ein Leben in einer Umgebung vorbereiten, in der wir völlig isoliert, ohne verfügbare Wissensbestände aus Lexika oder dem Internet, alle Aufgaben allein bewältigen.

Was wir hingegen seltener lernen, ist das sinnvolle Beziehen und Verknüpfen von Wissen aus unterschiedlichen Quellen, um eine Frage zu beantworten. Erst an den Universitäten lehrt man uns, wissenschaftliche Quellen zu suchen, zu lesen, zu beurteilen und zu verknüpfen, um bestimmte Forschungsfragen zu beantworten.

Diese "wissenschaftliche Kompetenz" braucht jeder von uns – und zwar jeden Tag: Etwa fünf Mal am Tag stellen wir eine Suchanfrage an eine Suchmaschine und suchen dann in den ausgegebenen Ergebnissen nach einer seriösen Antwort auf unsere Frage. Für uns ist es also jeden Tag wieder relevant, richtige Fragen zu formulieren, zu recherchieren und eine Quellenanalyse zu machen: Ist diese Website vertrauenswürdig? Ist dieses Nachrichtenportal seriös? Sagt dieser Artikel wirklich die Wahrheit und lässt er auch garantiert nichts aus?

Obwohl wir diese Kompetenz jeden Tag brauchen, bringt uns die Schule etwas ganz Anderes bei: Wir bekommen vom Lehrer Wissen vorgesetzt und sollen jenes Wissen nicht hinterfragen, sondern für uns allein antrainieren und einüben. Hausaufgaben machen wir allein. Klassenarbeiten schreiben wir allein. Die Schule bringt uns eine Arbeitsweise bei, die für den Erfolg im späteren Leben nahezu unbrauchbar ist. Schlimmer noch: Sie ist nicht nur unbrauchbar, sie ist auch gefährlich. Denn sie gaukelt uns vor, dass wir alle Aufgaben allein bewältigen können – und müssen.

Diese Annahme ist schlicht falsch. Welche Fähigkeit brauchen wir stattdessen? Wir brauchen die Fähigkeit, uns notwendiges Wissen punktuell hinzuzuholen, und es mit anderen Wissensbausteinen zu kombinieren. Wir müssen relevante und seriöse Quellen erkennen und von irrelevanten und unseriösen Quellen unterscheiden lernen.

Für Ihr aktuelles Ziel, nämlich mit Ihrer Leidenschaft Ihren Lebensunterhalt zu verdienen, brauchen Sie diese Fähigkeit an verschiedenen Stellen, vor allem, um sich weiter zu professionalisieren. Ziehen Sie an geeigneten Stellen Experten hinzu, um Ihre Leidenschaft weiter auszubauen und sich selbst zu befähigen, in diesem Feld eine professionelle Tätigkeit wahrzunehmen.

Um herauszufinden, welche Experten Sie für welchen Bereich der Beratung benötigen, kann Ihnen folgende kleine Übung helfen: Nehmen Sie sich mindestens zwei Wochen Zeit, in denen Sie an jedem Tag sorgfältig notieren, in welchem Aspekt Sie besser werden können. Schauen Sie sich dazu Ihre Vorbilder in Ihrer Leidenschaft an: Hat jemand schönere Videos als Sie? Jemand hat eine attraktivere Homepage? Sie finden, jemand kann sich besser ausdrücken als Sie? Vielleicht fällt Ihnen aber auch selbst auf, dass Sie noch einige offene Fragen haben.

Falls Sie vorhaben, im Rahmen einer selbstständigen Ihren Lebensunterhalt mit Ihrer Leidenschaft zu bestreiten, ist eins unerlässlich: Eine Rechts- und Steuerberatung. Nicht selten tappen Neugründer in einige Fallen, die ihnen später finanzielle Probleme verursachen können. Auch wenn Sie denken, Sie könnten sich dieses Wissen problemlos selbst anlesen: Bitten Sie den Profi um Hilfe und nehmen Sie mindestens zu Beginn Ihrer Selbstständigkeit eine Beratung in Anspruch, die Ihnen das notwendige Basiswissen vermittelt.

## Die Basics – Website, Logo, Visitenkarte

Ich nenne die Basics vor allem deshalb zuletzt, weil Sie am schnellsten und am einfachsten erledigt werden können. Egal, ob Sie vorhaben, eine Festanstellung zu suchen oder Ihre Leidenschaft freiberuflich ausüben wollen: Nichts funktioniert ohne einige Attribute, die Ihnen beim Verkauf Ihrer Fähigkeiten, Ihrer Leistung und Ihrer Person behilflich sein sollen.

Für eine Festanstellung werden Ihnen vielleicht klassische Bewerbungsunterlagen aus Motivationsschreiben und tabellarischem Lebenslauf als Minimalanforderungen begegnen, aber geben Sie sich nicht damit zufrieden, Minimalanforderungen zu erfüllen. Sie wollen den Job schließlich unbedingt. Sie wollen die Extrameile gehen – Ihr zukünftiger Arbeitgeber soll spüren, dass Sie mit Leidenschaft dabei sind. Eine eigene Homepage ist daher ein toller Weg, um Unternehmen, bei denen Sie sich bewerben, die Chance zu geben, mehr über Sie zu erfahren und nachzuforschen: Ihre eigene Website enthält in der Regel eine kurze (oder auch ausführliche Vorstellung) Ihrer Person sowie einige Arbeitsproben und Referenzen – ganz egal, ob dies ein relevanter Volkshochschulkurs ist, den Sie einmal gehalten haben oder ein Artikel oder ein YouTube-Video, das Sie einmal gedreht haben. Lassen Sie allzu persönliche Informationen über Ihren Familienstand oder Ihre Wohnsituation aus – das hat absolut nichts mit dem zu tun, was Sie transportieren wollen, und könnte kontraproduktiv sein, obwohl mir heute immer noch viele Website begegnen, auf denen Menschen diesen Fehler begehen. Eine Website können Sie heute ganz einfach mithilfe eines Baukastensystems wie WIX oder einem Content-Management-System wie WordPress aufbauen – wenn Sie mit der günstigsten Variante beginnen, dürfte Sie das Ganze nicht mehr als zehn Euro im Monat kosten. Den Link zu Ihrer Website können Sie dann ganz einfach in Ihrer Bewerbung unterbringen.

Für einen professionellen Website-Auftritt benötigen Sie außerdem einige Designelemente, die Ihnen einen

Wiedererkennungswert schaffen. Dies kann ein besonderer Schriftzug sein, der Ihren Namen abbildet, oder ein Logo, in dem Ihre Initialen auftauchen. Es zeigt, dass Sie sich Gedanken über Ihr Auftreten machen. Im besten Falle unterstützt Ihre Brand Identity (für Unternehmen auch "Corporate Identity" genannt) Ihren Markenauftritt und signalisiert noch einmal Ihre Professionalität. Hier gilt: Setzen Sie auf einen Profi, wenn Sie keine eigenen Kenntnisse und Fähigkeit im Bereich Grafik-Design haben. Sollten Sie selbst Hand anlegen, kann es ansonsten schnell dazu kommen, dass Sie ein mittelmäßiges, handwerklich schlecht gemachtes Logo kreieren, das eher unprofessionell wirkt. Schauen Sie sich stattdessen einmal auf Portalen wie Fiverr um, wo Freiberufliche Ihre Dienste als günstiges Nebeneinkommen anbieten. Bedenken Sie hier allerdings: Wenn Sie am falschen Ende sparen, müssen Sie zum Schluss vielleicht noch einmal in die Tasche greifen, um das Logo korrigieren oder neu erstellen zu lassen. Gerade für Selbstständige und Unternehmer gilt auch hier wieder: Dieser Schritt ist unerlässlich.

Eine weitere wichtige Komponente in Ihrem professionellen Auftritt ist die Visitenkarte. Sie sollte mit Ihrem Brand Design, das auch das Logo prägt, übereinstimmen und ein insgesamt rundes Bild ergeben. Heute gibt es zahlreiche Online-Druckereien für Visitenkarten – wählen Sie weise! Eine Visitenkarte, die aus einem hochwertigen Material besteht und mit einer aufwendigen Prägung versehen ist, macht schließlich einen besseren Eindruck als eine 08/15-Karte, die Sie bei dem billigsten Anbieter bestellt haben.

Wie ich es zuvor bereits erwähnt habe: Sie müssen nicht von heute auf morgen Unsummen in all diese Komponenten investieren. Falls Sie das Geld für einige hochwertige Visitenkarten aktuell nicht aufbringen können, sparen Sie! Bestellen Sie eine geringere Menge! Nur geben Sie sich nicht mit schlechterer Qualität zufrieden – es wird wahrscheinlich auf Sie zurückfallen.

## Das Ergebnis des Kapitels

Das Kapitel hat Ihnen gezeigt, wie wichtig es ist, sich weiter zu professionalisieren und seine Fähigkeiten zu schärfen: Werkzeuge, Software und Methoden, die im Traumberuf verbreitet sind, sollten recherchiert und erlernt werden. Das gezielte Hinzuziehen von Beratungsangeboten kann dabei helfen, sich einen professionellen Auftritt zuzulegen. Es gilt, seine Außenwirkung weiter zu verbessern, um bei potenziellen Kunden, Arbeitgebern und Konkurrenten einen nachhaltigen Eindruck zu hinterlassen.

Wenn Sie damit begonnen haben, aus Ihrer Leidenschaft einen festen Bestandteil Ihres täglichen Lebens zu machen, haben Sie bereits den Grundstein für eine spätere hauptberufliche Tätigkeit gelegt. Vielleicht haben Sie inzwischen eigene Arbeitsweisen und professionelles Wissen etabliert, sich einen Namen gemacht und schon einige Klicks auf Ihren Blog, Ihrem Vlog, oder Teilnehmer bei Ihrem Volkshochschulkurs gewinnen können.

# Schritt 8: Bauen Sie sich Ihr Storytelling auf

Eine der größten Ängste von Menschen, die in Ihren Traumjob wechseln wollen, ist, dass ihr Lebenslauf nach dem Wechsel nicht mehr stimmig ist. Sie haben Angst vor den Fragen und den Aussagen anderer Menschen: "Wie passt das zu dem, was du vorher gemacht hast?", "Das macht doch gar keinen Sinn!", "Du hast jetzt wirklich alles aufgegeben, was du dir vorher erarbeitet hast?". Sie haben Angst davor, vielleicht aus ihrem Traumjob irgendwann WIEDER zurück in die alte Karriere wechseln zu wollen – und nicht zu können, weil ihr Lebenslauf nun einen dramatischen Bruch aufweist und Sie für immer "raus" sind. Doch ist das wirklich so? Passt das alles wirklich nicht zusammen und gibt es tatsächlich einen dramatischen Bruch? War alles Bisherige umsonst? Die klare Antwort lautet: nein. Erstens kann ich Ihnen versichern, dass Sie in Ihrem neuen Job auch Fähigkeiten und Aufgaben aus Ihrer alten Tätigkeiten einbringen werden. Zweitens ist einfach alles eine Frage der Verpackung. Und um diese Verpackung kümmern wir uns in diesem Kapitel.

## Was ist ein Storytelling und warum ist es wichtig?

Egal, ob Sie als Freiberufler oder als Angestellter arbeiten werden, ihr Storytelling ist wichtig. Doch was ist eigentlich ein Storytelling? Storytelling bedeutet, zeitliche Geschehnisse in einen logischen, kausalen Zusammenhang zu setzen, so dass diese für einen Beobachter nachvollziehbar sind und Sinn ergeben. Mit dem Einsatz verschiedener Stilmittel können wir im Storytelling Gefühle beim Beobachter auslösen, etwa Spannung, Überraschung oder Mitgefühl. Doch wozu das Ganze? Müssen wir uns wirklich gegenüber anderen rechtfertigen und uns dafür eine Geschichte ausdenken?

Es stimmt, dass ein gutes Storytelling helfen kann, Glaubwürdigkeit und eine persönliche Verbindung aufzubauen. Sie geben den Menschen die Möglichkeit, Sie und Ihre Motive zu verstehen. Das macht Sie vertrauenswürdig – Sie haben offengelegt, weshalb Sie tun, was Sie tun, und weshalb Sie an dem Punkt stehen, an dem Sie stehen. Wenn Storytelling richtig gemacht ist, bleibt es im Gedächtnis – Zuhörer holen es hervor, wenn sie über das Leben und ihre eigene Geschichte nachdenken und erinnern sich an Ihre Geschichte. Sie hinterlässt also einen bleibenden Eindruck.

Auch die Wissenschaft weiß: Menschen lieben Storytelling. Das erkennen wir an der Beliebtheit von Märchen, Hollywoodfilmen und Heldengeschichten. Diese Beliebtheit hat vor allem kulturelle Gründe. Denn: Wir brauchen Geschichten, um aus unseren Erfahrungen und den Geschehnissen Sinn zu machen. Für uns Menschen hat Storytelling aber auch die Funktion, Wissen darüber zu vermitteln, was in der Welt passiert und wie man damit umgehen kann. In der Zeit, als wir unser Wissen noch nicht verschriftlicht irgendwo ablegen und anderen zugänglich machen konnten, haben unsere Vorfahren ihr Wissen durch das Geschichtenerzählen weitergegeben. Und: Je eindrucksvoller und emotionaler diese Geschichten waren, desto besser blieben die übermittelten Informationen im Kopf der Zuhörer.

Es ist aber nicht nur dafür wichtig, dass Außenstehende die Chance haben, unsere Motive und Entscheidungen besser zu verstehen. Storytelling ist auch für uns und unsere Identität wichtig: Es gibt uns einen greifbaren Eindruck davon, wer wir sind, was unsere Ziele sind, weshalb es sich ausgezahlt hat, durch schwere Zeiten zu gehen und mehr. Storytelling macht uns Hoffnung, nimmt uns Angst und lässt uns weiter träumen. Wir können Probleme und Konflikte besser akzeptieren, wenn wir sie als Teil unserer persönlichen, ganz besonderen Heldengeschichte sehen.

## Merkmale guten Storytellings

Mithilfe unseres persönlichen Storytellings können wir also uns selbst und anderen die Welt begreiflich machen und somit Unsicherheit reduzieren. Damit dies gelingt, sollten einige Qualitätskriterien eingehalten werden, auf die wir in dieser Sektion ausführlich eingehen wollen.

### 1. Bleiben Sie ehrlich!

Falls Sie bisher den Eindruck hatten, es geht bei diesem Schritt vor allem darum, sich eine gute Geschichte zurechtzulegen, irren Sie sich: Wir werden zwar eine Geschichte konstruieren, aber sie soll sich dringend an die tatsächlichen Fakten halten. Bleiben Sie ehrlich und lügen Sie nicht – ansonsten wird Ihr eigenes Storytelling kein mächtiges Instrument sein, sondern auf Dauer eine echte Belastung für Sie werden. Authentizität ist daher das erste Qualitätskriterium für ein gelungenes persönliches Storytelling. Die Ehrlichkeit wird nicht nur den Wert Ihrer Geschichte erhöhen. Sie wird Ihnen auch dabei helfen, die Geschichte glaubwürdig und faktengerecht wiederzugeben. Erst wenn Ihre Geschichte authentisch und ehrlich ist, wird es Ihnen gelingen, sie völlig anzunehmen und zu einem Teil Ihrer persönlichen Identität zu machen.

## 2. Bleiben Sie konsistent!

Konsistenz spielt ebenfalls eine wichtige Rolle. Was bedeutet das? Wir Menschen lieben Geschichten vor allem dann, wenn sie uns logisch erscheinen und für uns Sinn machen. Schurken können etwa nicht ohne persönlichen Wandlungsprozess plötzlich gute Dinge tun. Handlungsmotive und Beweggründe sollten klar dargestellt werden. Ansonsten fragt sich der interessierte Zuhörer "Wie kam es nun dazu?". Daher sollte auch Ihre eigenes Storytelling stets lückenlos und nachvollziehbar sein. Falls Ihnen für manche Handlungen die Gründe partout nicht einfallen wollen, kramen Sie noch einmal tiefer: Werfen Sie einen Blick auf mögliche involvierte Emotionen – von sich und von anderen. Die Motivation für eine Handlung oder eine Entscheidung zu ergründen, kann ermüdend sein und das Verfassen des eigenen Storytellings mühsam machen. Bleiben Sie dennoch am Ball und grübeln Sie nach! Es lohnt sich: Wenn Sie Ihre eigene Geschichte konsistent rekonstruieren können, sodass ihr Ablauf Sinn macht und gut erklärt werden kann, wird Ihr persönliches Storytelling besonders überzeugend sein.

## 3. Bleiben Sie positiv!

Klar, in jeder Geschichte gibt es einen Bösewicht. Zeigen Sie in Ihrem Storytelling dennoch nicht mit dem Finger auf andere Akteure in Ihrem Umfeld. Ihr Storytelling wirkt dann eher bitter. Das bedeutet nicht, dass Sie lügen oder Dinge beschönigen sollen. Nehmen Sie die Bedingungen einfach als gesetzt hin und formulieren Sie nicht mit erhobenem Zeigefinger gegenüber anderen Menschen. Statt "Mein Vater war ein böser Mann, der mich nie das tun ließ, was ich im Inneren wollte" zu schreiben, könnten Sie also schreiben: "Ich fühlte mich nie frei, wirklich das zu tun, was ich wollte".

Damit bleiben Sie nicht nur beim Wesentlichen – Sie räumen außerdem Menschen, die Ihnen Unrecht getan haben, keinen überproportional bedeutenden Platz in Ihrem eigenen Storytelling ein.

### 4. Zeigen Sie Persönlichkeit!

Es wäre sehr heldenhaft, wenn Sie sich ausschließlich mit heroischen Eigenschaften wie Mut, Durchhaltevermögen und Überzeugungskraft brüsten könnten. Ihre eigene Geschichte übermäßig glattzuziehen hat jedoch drei Haken: Erstens wissen Sie selbst von Ihren Fehlern, Macken und Marotten – es entsteht also keine wirkliche persönliche Verbindung zwischen Ihnen und Ihrem Storytelling. Zweitens wirken Sie unsympathisch und unglaubwürdig, denn niemand glaubt Ihnen, dass ein ausschließlich positives Loblied auf sich selbst tatsächlich der ganzen Wahrheit entspricht. Drittens bleibt Ihr Storytelling so recht inhaltsleer, denn es beantwortet wichtige Fragen nicht: Was zeichnet Sie wirklich aus? Was sind Sie für ein Mensch? Welche Charaktereigenschaften sind Ihnen eigen? Machen Sie sich nahbar und glaubwürdig, indem Sie dafür sorgen, dass Ihr Storytelling tatsächlich auch eine echte Persönlichkeit, mit Ecken und Kanten, widerspiegelt. Geben Sie zu, wenn Sie nicht mutig genug waren, und geben Sie zu, wenn Sie gern mal mit dem Kopf durch die Wand wollen. Nur wenn Ihre Persönlichkeit tatsächlich Einzug in Ihr Storytelling findet, kann es für Sie und für andere nachvollziehbar werden und echte Verbundenheit schaffen.

### 5. Schaffen Sie einen Bezug zum "Jetzt"!

Der Gegenwartsbezug spielt eine wesentliche Rolle im eigenen Storytelling: Sie wollen schließlich nicht darauf hinaus, weshalb Sie mit 15 Jahren angefangen haben, Violine zu spielen. Ausgangspunkt Ihres Storytellings sollte also stets die aktuelle Situation sein. Beschreiben Sie, welche Entscheidungen und Handlungen Sie hierher gebracht haben, weshalb Sie tun, was Sie tun und was der logische nächste Schritt dieser besonderen Reise ist.

Dies kann auch bedeuten, dass Sie noch nicht den Triumph erlangt haben, den Sie zu erlangen planen. Integrieren Sie diese Vision in Ihr Storytelling und beschreiben Sie genau, an welcher Station Ihrer Reise Sie sich aktuell befinden. Sie können Ihr Storytelling dazu nutzen, Ihre Vision auszuformulieren und sich damit zu motivieren. Darauf aufbauend können Sie Ihr Storytelling regelmäßig aktualisieren: Jeder neue große Schritt kann hier festgehalten und zum nächsten Teil der Geschichte werden. Das kann Ihnen außerdem dabei helfen, für die Zukunft richtige Entscheidungen zu treffen: Passt diese Entscheidung in mein Storytelling? Oder ziehe ich mein Storytelling in die Länge, weil der nächste Schritt mich wieder nicht zu meiner Vision führt? Denken Sie bei jedem größeren Schritt daran, was wohl Leser Ihres Storytellings denken würden. Würde man über Sie denken "Oh nein, da stand er sich dann wohl selbst im Weg!" oder "Wow, das war ein mutiger Schritt"?

## Ihr eigenes Storytelling

Sie kennen sicher Spiderman oder Superman, richtig? Egal, ob Sie Fan des Marvel-Universe, des DC-Universe oder so wie ich von beidem sind: Heldengeschichten haben eine ganz besondere Aura, finden Sie nicht? Sie haben uns in Zeiten der Bibel, in der griechischen Mythologie, bis hin zu modernen Hollywoodfilmen stets fasziniert. Wir finden es ermutigend und motivierend zu sehen, wie einzelne Menschen so Großes bewegen können. Dies gibt uns Hoffnung und Zuversicht, es reißt uns mit.

Aber: Sie werden wahrscheinlich keinen Superhelden finden, der morgens aufsteht, seine Superkräfte betrachtet und damit fröhlich und selbstbewusst die Welt rettet. Nein, Helden durchlaufen immer eine schwierige Entwicklung, die meistens damit zu tun hat, dass sie ihre Identität als normale Person hinter sich lassen müssen.

Der Schuljunge Peter Parker muss plötzlich die große Verantwortung auf sich nehmen, als Spiderman die Bösewichte seiner Stadt zu bekämpfen. Die Amazonen-Prinzessin Diana muss erkennen, dass sie keine Kriegerin im exklusiv weiblichen Inselidyll sein kann, sondern es in ihrer Verantwortung liegt, als Wonderwoman die Welt zu retten. Immer werden Helden mit einem Problem konfrontiert, dass sie (und nur sie!) lösen müssen.

Es gilt also, Verantwortung zu übernehmen, seinem Schicksal ins Auge zu sehen und den Wandel hin zum Superhelden zu vollziehen.

Und das gilt auch für Sie.

Daher habe ich nun eine ganz besondere Übung für Sie: Schreiben Sie ihre Geschichte als Heldengeschichte, in der Sie und Ihre Entwicklung beschrieben werden. Sie müssen diese Geschichte nicht veröffentlichen, vortragen oder verschicken. Sie ist zunächst nur für Ihre eigenen Augen bestimmt. Diese Übung wird Ihnen dabei helfen, sich in Ihre Story hineinzudenken, sich tiefer und strukturiert mit Ihr auseinanderzusetzen und gleichzeitig Spaß daran zu finden, Sie fortzuschreiben. Lassen Sie sich gern Zeit dafür! Wie ein Künstler, der mit einem Gemälde eine Geschichte erzählen will, braucht auch Ihr eigenes Storytelling vielleicht einige Zeit, um den letzten Pinselstrich zur Perfektion zu erhalten. Um Ihnen eine Idee davon zu geben, wie eine solche Geschichte aussehen könnte, finden Sie hier ein Beispiel.

Jetzt, wo Sie sich der Risiken bewusster sind, sollten Sie langsam ernst machen: Sie sollten Ihr Hobby oder Ihren Nebenjob, der Ihre Leidenschaft abdeckt, schrittweise auf ein Professionalitätslevel bringen, das Ihnen ermöglicht, so zu arbeiten, dass Sie eine professionelle Arbeitserfahrung in Ihrer Leidenschaft entwickeln. Dies geht über das reine Hobby, also zum Beispiel über das sporadische Verfassen von Blog-Artikel

## Beispiel: Das Salz in der Suppe

"Junge, lern etwas Vernünftiges!" hallte es durch die sorgfältig gepflegten Räume des Einfamilienhauses – der Ort, an dem Marius aufwuchs und die wichtigsten Dinge über diese Welt lernte. "Was bedeutet das?" rief er eines Tages zurück. "Etwas Sicheres, etwas mit Zukunft, mit dem du deine Familie ernähren kannst", so lautete stark zusammengefasst die Antwort auf diese regelmäßige Frage.

Je älter Marius wurde, desto besser verstand er, was damit gemeint war. Es gab Berufe für Menschen in Anzügen und Berufe für Menschen ohne Anzug, letztere waren weniger sicher, weniger gut bezahlt, kamen weniger gut im Freundeskreis an. Für die Anzugberufe brauchte es Abitur. Kein Problem, denn Marius liebte die Schule. Er gehörte zu den beliebtesten Schülern in seinen Jahrgang, war mehrfach Klassensprecher und hatte viele Freunde. Er hielt sogar eine bewegende Rede auf der Abschlussfeier und schaffte sein Abitur mit großartigen Noten. Einige seiner Freunde gingen direkt nach der Schule studieren, andere absolvierten eine Ausbildung.

So tat es auch Marius – er wollte möglichst schnell etwas Sicheres in der Hand haben. Seine Ausbildung zum Bankkaufmann erfolgte in einer kleinen Bankfiliale im Nachbarort. Hier gingen ihm die Aufgaben leicht von der Hand. Die Kunden waren begeistert von seiner offenen, freundlichen und charmanten Art! Er schloss die Ausbildung ab und erhielt eine feste Stelle in der Filiale. Der Filialleiter beobachtete Marius' Geschick, mit Menschen und Zahlen umzugehen, mit Bewunderung.

Je besser Marius jedoch wurde, desto eintöniger

## BRINGEN SIE IHR STORYTELLING IN IHRE BIOGRAPHIE – UND LASSEN SIE SICH NICHT ERSCHÜTTERN

Und, haben Sie sich inspirieren lassen? Im besten Falle liegt nun Ihr eigenes Storytelling vor, das Ihnen dabei helfen soll, den Verlauf Ihres Lebenslaufs für sich selbst und für Außenstehende nachvollziehbar zu machen. Jetzt wollen wir dieses Storytelling in die Welt hinausbringen – keine Sorge, nicht so persönlich, wie Sie es einmal im Ganzen für sich ausformuliert haben. Ihr sehr persönliches und ausführliches Storytelling ist die Basis, von der aus wir starten – und es hilft Ihnen an schlechten Tagen dabei, das große Ganze nicht aus den Augen zu verlieren.

Die Version Ihres Storytellings, das wir in Form von Bewerbungsanschreiben oder einem Vorstellungstext auf unserer eigenen Website anderen zeigen wollen, erfüllt zwar die gleichen Qualitätskriterien wie die oben genannten, sie sollte aber etwas formeller formuliert und kurz und knackig gehalten werden. Bleiben Sie professionell und werden Sie nicht zu blumig oder zu romantisch, aber erlauben Sie sich selbst ein wenig Kreativität, Emotionen und Witz.

Wenn es zu persönlich wird, wird es für einen Leser, der Sie nicht kennt, unangenehm. Sorgen Sie daher dafür, dass die Informationen für den Leser nützlich sind, und konzentrieren Sie sich nicht auf Ihre Gefühlswelt, sondern darauf, weshalb eine bestimmte Erfahrung relevant für Sie war. Statt "Das war die schwierigste Zeit für mich" schreiben Sie also lieber "Diese Herausforderung hat vor allem mein Durchhaltevermögen und meinen Optimismus geprägt". Schreiben Sie Ihr Storytelling also so um, dass der Fokus auf den Fähigkeiten und Ihrer Charakterentwicklung liegt. Dafür können Sie sich beispielsweise folgende Fragen stellen: Aus welcher Etappe habe ich welche Fähigkeiten gezogen? Bei welchen Herausforderungen konnte ich bestimmte

Fähigkeiten einbringen? Welche Fähigkeiten habe ich über das Bewältigen von bestimmten Widrigkeiten erlernt? Konzentrieren Sie sich dabei auf das Wesentliche: Was muss der spezifisch von Ihnen adressierte Leser von Ihnen über Ihre Person und Ihre Reise erfahren?

Um diese Fragen beantworten zu können, ist es auch wichtig zu wissen, über welchen Kanal Ihr Storytelling an welchen Adressaten verschickt werden sollte. Für Ihr persönliches Storytelling gibt es viele geeignete Orte. Perfekt aufgehoben ist es etwa auf Ihrer Website oder Ihrem Blog. Hier beschreibt ein mehr oder weniger statischer Text Ihren Werdegang, Ihre Erfahrungen, Erlebnisse und Fähigkeiten. Seien Sie sich bei der Formulierung in jedem Falle darüber bewusst, dass Sie diese Information mit einem öffentlichen Publikum teilen. Binden Sie also keine Informationen, Details oder Informationen ein, auf die Sie nicht angesprochen werden möchten oder die Ihnen im Nachhinein doch zu persönlich sind. Überlegen Sie sich hier gut, was Sie mit Ihrem persönlichen Storytelling bei den Besuchern Ihrer Website erreichen wollen: Wollen Sie sie von Ihren Fähigkeiten überzeugen? Wollen Sie sich durch den persönlichen Einblick nahbar und sympathisch machen? Wollen Sie Ihre Community ansprechen und sich mit Gleichgesinnten vernetzen? Je nachdem, was Sie mit Ihrer Website im Allgemeinen und dem Storytelling im Speziellen erreichen wollen, sollten Sie sorgfältig die Informationen auswählen, die Sie aus Ihrem Storytelling präsentieren wollen, und sich für einen passenden sprachlichen Stil entscheiden.

Um zu verdeutlichen, wovon ich spreche, finden Sie im Folgenden ein Beispiel für eine angepasste Version des Storytellings unseres Hobbykochs für einen "Über mich"-Text auf einer persönlichen Website.

### Beispiel: Über mich

Kochen ist für mich mehr als ein Beruf. Es ist eine Berufung und eine tiefe Leidenschaft, die sich über die Jahre hinweg durchgesetzt hat. Sie war mir wichtig genug, um ein großes Abenteuer einzugehen, meinen Job als Bankkaufmann zu verlassen und alles auf eine Karte zu setzen – auch gegen Rat von Skeptikern aus meinem Umfeld. Der Lohn für diesen Mut war viel Lebenserfahrung, denn der Weg war kein einfacher. Auf der anderen Seite von Herausforderungen und Rückschlägen standen allerdings viele tolle Möglichkeiten, um meine Leidenschaft voll auszuleben. Diese Möglichkeiten motivierten mich zum Probieren, Lernen und Wachsen. Sie haben mich viele Fähigkeiten gelehrt, von denen ich heute profitiere: Durchhaltevermögen, Optimismus, Experimentierfreude und solides, technisches Wissen. Unter schwierigsten Bedingungen brachte ich mir selbst alle kleinen und großen Tricks rund ums Kochen bei und drang dabei bis in die tiefsten Winkel dieses wundervollen Handwerks vor. Das Schönste daran? Gleichgesinnte an meiner Reise, meinen Erkenntnissen und Erlebnissen teilhaben zu lassen. Wenn Ihr auch zu diesen Gleichgesinnten gehört, seid Ihr hier goldrichtig!

Genauso können Sie Ihr persönliches Storytelling auch bei einer Bewerbung in einem Anschreiben oder in einem separaten Motivationsschreiben vermitteln. Investieren Sie genug Zeit, in Ihrem Personal Statement diejenigen Aspekte Ihres Storytellings hervorzuheben, die für den jeweiligen potenziellen Arbeitgeber oder möglichen Klienten besonders interessant sind. Nach einer Weile haben Sie ein gutes Gespür dafür, welche Punkte in Ihrem Storytelling essentiell sind, welche Sie weglassen und welche Sie betonen können. Damit Sie sich auch hier an einem Beispiel orientieren können, finden Sie im Folgenden die Version desselben Storytellings für eine Bewerbung.

## Beispiel: Bewerbung zum Redakteur "Kochen und Genuss"

Leidenschaft ist ein starker Motor. Für mich ist die Leidenschaft zum Kochen der Antrieb dafür, jeden Tag mit voller Energie daran zu arbeiten, immer besser zu werden und Menschen mit meinen Fähigkeiten zu begeistern.

Als engagierter Hobbykoch weiß ich aus erster Hand, welche Informationen für Laien vonnöten sind, um ins Kochen hineinzukommen. Meine eigenen Erfahrungen als Autodidakt haben mich gelehrt, wie Informationen aufbereitet sein müssen, um wirklich hilfreich zu sein. Durch meine eigenen Schreibaktivitäten, die im Verfassen zahlreicher Blogartikel und einem Buch bestehen, konnte ich dann schließlich noch trainieren, komplexe Gedanken zu strukturieren und gut verständlich auf den Punkt zu bringen.

Mein eigenes Business, das ich mir in diesem Bereich selbst aufgebaut habe, hat mich viele weitere wertvolle Dinge gelehrt: Weil ich mir meine Tätigkeit neben einem Vollzeitberuf aufgebaut habe, habe ich mir eine effiziente Arbeitsweise angeeignet, mit der ich in nur kurzer Zeit jeden Tag Großes erreichen konnte.

Meinen Geschäftssinn, den ich auch im Rahmen meiner Tätigkeit als Bankkaufmann schärfen konnte, nutzte ich zusätzlich, um verschiedene Einkommensquellen im Bereich Kochen und Lebensmittel zu erschließen. Obwohl ich meine Karriere als Bankkaufmann hinter mir gelassen habe, um mich voll meiner Leidenschaft widmen zu können, hat sie mir viele wertvolle Fähigkeiten beschert, darunter vor allem Kommunikationsfähigkeit und einen guten Umgang

Eng mit dem eigenen Storytelling verbunden ist das sogenannte Personal Branding. Egal, ob Sie Ihre Leidenschaft gerade als Hobby, in einem Nebenjob oder als selbständige bzw. unternehmerische Tätigkeit aufbauen – ein Personal Branding wird Ihnen dabei helfen, sich weiter zu professionalisieren und einen echten Wiedererkennungswert zu schaffen. Für ein Personal Branding ist das eigene Storytelling der perfekte Ausgangspunkt. Aus diesem können Sie einen weiteren wichtigen Teil Ihres Brandings ableiten: Ihr Werteset.

Was ist das? Nun, Ihr Werteset beschreibt die Werte, nach denen Sie entscheiden, handeln und arbeiten. Sind Sie eher persönlich? Professionell? Diskret? Mutig? Empathisch? Engagiert? Nehmen Sie sich genug Zeit, einen tiefen Blick in Ihr Storytelling zu werfen und daraus Werte abzuleiten, die Ihre Leitlinien sein sollen. Sie können diese Werte später ausführlich beschreiben und Ihrem Storytelling anhängen, etwa mit einem Satz wie "Deswegen ist meine Arbeitsweise heute besonders....". Sie können jene Werte auf Ihrer Homepage oder in Ihren Bewerbungen mitteilen – müssen dies aber nicht. Was ich Ihnen jedoch versprechen kann, ist, dass all diese ausführliche Gedankenarbeit Ihnen dabei weiterhelfen wird, sich selbst und Ihre Leistungen zu verkaufen – egal, ob an einen neuen Arbeitgeber oder an potenzielle Kunden.

Aus Ihren eigenen Markenwerten können Sie nun einige Dinge ableiten, die ein Branding beinhalten sollte: etwa ein Logo, Farbgestaltung, die Schriftarten (zum Beispiel bei "Mutig" eine große Blockschrift, bei "Traditionell" eine zurückhaltende Serifenschrift), die Sie auf Ihrer Visitenkarte oder Ihrer Homepage verwenden, oder der Sprachstil, mit dem Sie über sich, Ihr Angebot und Ihre Kunden schreiben. Die gezielte Gestaltung all dieser Dinge wird eine runde, stimmige Geschichte erzählen, die im besten Falle mit Ihrem Storytelling übereinstimmt. Wenn Sie sich unsicher darüber sind, wie genau Sie Ihr Personal Branding gestalten müssen, damit dies gelingt, holen Sie sich Beratung dazu! Personal Branding ist eine lohnenswerte Investition. Mit Ihrem Storytelling und Ihren persönlichen Werten haben Sie bereits einen tollen Grundstein gelegt, damit Experten Ihnen bei dem Aufbau eines passenden Personal Brandings schnell helfen können.

### Nehmen Sie ihre Geschichte an

So wie Wonderwoman nicht voller Energie die Welt retten kann, wenn sie mit der Hälfte ihres Herzens in ihrer Heimat Themyscira bleiben würde, so können Sie auch nicht für Ihre neue Profession einstehen, wenn Sie im Herzen noch der oder die Alte sind. Bis jetzt haben wir Ihre Geschichte aufgeschrieben und ein Personal Branding entwickelt. Aber ist Ihre neue Identität auch voll und ganz bei Ihnen angekommen?

Falls das nicht der Fall ist, seien Sie beruhigt: So geht es den meisten. Das wichtigste ist, dass Sie Lust auf Ihre neue Identität haben, dass Sie zumindest mit einem Teil Ihres Selbst euphorisch bei der Sache sind und Spaß an der Entwicklung haben. Behalten Sie sich diese Freude bei. Wenn Sie das Gefühl haben, die Verbindung zu dieser neuen Identität zu verlieren, schreiben Sie doch einfach Ihre Geschichte fort. Wie könnte Ihre Heldengeschichte weiter gehen? Wie könnte Ihr Gipfel, ihr Höhepunkt aussehen? Seien Sie hier kreativ, visionär, mutig!

Übrigens: Noch etwas ist sehr typisch für die persönliche Entwicklung unserer Comic-Helden. Früher oder später wird ein Feind auf Sie zukommen und Sie mit ihrer Vergangenheit, Ihrer alten Identität konfrontieren. “Du bist doch nur ein Schuljunge”, sagen Spidermans Feinde, “Du hast deine Eltern nicht beschützen können”, sagen Batmans Feinde. Es gibt Dinge, die man zu Ihnen sagen wird: “Das macht doch keinen

Sinn", "Hats mit dem alten Job nicht geklappt?" oder "Nicht tough genug gewesen für die Bankenbranche?". Sie können sich wahrscheinlich denken, was passiert, wenn Batman in einer brenzligen Situation auf solche Provokationen eingehen würde. Richtig: Er wird den Kampf verlieren.

Doch wie gehen Sie am geschicktesten mit solchen Vorfällen um? Wie können Sie sie effektiv abwehren und Ihre eigene Heldengeschichte so schützen? Zunächst gilt: Lassen Sie sich nicht provozieren, aber fressen Sie auch nichts in sich hinein. Um das zu erreichen, habe ich eine weitere Übung für Sie: Schaffen Sie sich in Ihrem Alltag einen Raum, um mit Gefühlen wie Zweifel, Angst oder Wut, die diese Angriffe in Ihnen hervorrufen, umzugehen. Dafür können Sie sich regelmäßig einen streng begrenzten begrenzten Zeitraum in Ihrem Alltag nehmen, um sich mit diesen Gefühlen zu befassen. In welcher Form genau Sie sich mit diesen Gefühlen auseinandersetzen, bleibt Ihnen überlassen, denn hier sind die Präferenzen unterschiedlich: Während einige das Meditieren bevorzugen, entscheiden sich andere eher für das Schreiben. Schnappen Sie sich also Ihr Meditationskissen oder Ihr Tagebuch oder machen Sie einen ausgiebigen Spaziergang im nächstgelegenen Park. Tragen Sie sich diese Session als festen Termin in Ihren Kalender ein, etwa einmal oder zweimal pro Woche, vielleicht für eine Stunde. In dieser Stunde holen Sie alle Zweifel, jede Angst und alles, was Sie wütend macht in Bezug auf Ihre neue Entwicklung, hervor – und betrachten diese Gedanken und Gefühle ganz genau. Was genau befürchten Sie? Was hat Sie am meisten geärgert an den Kommentaren Ihrer ehemaligen Kollegen? Welche Aussage Ihrer Eltern zu Ihrer neuen Karriere hat Sie am stärksten gekränkt? Durchdenken Sie alles – tief und ausgiebig. Und nachdem Ihre begrenzte Zeit von einer Stunde (oder welchen Zeitraum auch immer Sie wählen) vorbei ist – lassen Sie los und machen Sie weiter in Ihrem Alltag.

Mit dieser Übung wollen wir dafür sorgen, dass negative Gedanken und Zweifel keine Stigma enthalten und Sie keine Angst vor diesen Gedanken haben. Während die konkrete

Form der Auseinandersetzung – also, ob Sie ein Buch, eine Meditation oder etwas völlig Anderes wählen – zweitrangig ist, sind andere Aspekte dieser Übung besonders wichtig: Stellen Sie sich dringend einen Timer und begrenzen Sie das Zeitfenster, in dem Sie sich mit diesen Gedanken auseinandersetzen. Egal, ob Sie sich eine Stunde oder zehn Minuten Zeit dafür nehmen, wichtig ist, dass Sie das gesetzte Zeitfenster nicht überschreiten. Zum Ende dieses Zeitfensters lassen Sie Ihre negativen Gedanken los.

Dies kann zu Beginn schwierig sein: Einige können nicht auf Knopfdruck Zweifel und Wut abrufen, anderen gelingt es nicht, die negativen Gedanken gehen zu lassen, wenn die Zeit abgelaufen ist. Geben Sie einfach Ihr Bestes und versuchen Sie, diese Regel dringend einzuhalten. Ich verspreche Ihnen, dass es Ihnen nach einer Zeit besser und besser gelingen wird, sie zu befolgen. Wenn Sie es schaffen, die negativen Gedanken und Zweifel in diesem Zeitfenster verbleiben zu lassen, werden Sie nämlich einen ganz großen Gewinn erzielen können: Sie müssen Zweifel, die in Ihnen aufkommen, nicht tagtäglich zerdenken, analysieren und mit sich herumtragen – Sie können diese notieren und sich für Ihre "Stunde des Zweifelns" aufheben.

Sie können diese Übung auch über all die folgenden Episoden Ihrer Reise weiterführen, denn Sie wird Ihnen immer einen großen Dienst erweisen. Ich persönlich würde empfehlen, dass Sie das Zeitfenster reduzieren und sich vielleicht nicht jeden Tag dafür Zeit nehmen, sondern eher ein- oder zweimal in der Woche. Ansonsten könnte es sein, dass negative Gedanken zu präsent und dominierend werden.

Und noch eins: Zelebrieren Sie ihre Zweifel-Stunde! Zweifel können Wegweiser zu unseren Ängsten und Risiken sein. In dieser Funktion sind sie wertvoll und lehrreich. Sie können uns Auskunft über uns selbst, aber auch darüber geben, was an unseren Plänen noch nicht ganz wasserdicht ist. Wichtig ist eben nur, dass Sie selbst bestimmen, welchen Raum Sie diesen Zweifeln einräumen – so behalten Sie die

Kontrolle und müssen sich nicht von ihnen übermannen lassen.

## Das Ergebnis dieses Kapitels

In diesem Kapitel haben Sie gelernt, wie wichtig die eigene Geschichte ist und wie ein gutes Storytelling diese Geschichte nachvollziehbar machen kann. Mit hilfreichen Tipps zu den Qualitätskriterien eines guten Storytellings und einem praktischen Beispiel sind Sie bestens darauf vorbereitet, Ihr eigenes Storytelling zu erstellen. Das Kapitel endet damit, wie Sie dieses Storytelling sinnvoll in eine Bewerbung oder eine Profilbeschreibung einbringen können.

## SCHRITT 9: WECHSELN SIE IN IHREN TRAUMJOB!

Es wird nun Zeit, den großen Schritt zu wagen und den Sprung in Ihren Traumjob zu schaffen. Sie haben nun bereits einige Zeit Ihren Traumjob als professionalisiertes Hobby oder als Nebenjob ausgeübt, haben sich weiter professionalisiert, Arbeitsroutinen etabliert, notwendige Methoden und Tools erlernt. Im Idealfall haben Sie sich durch geschicktes Personal Branding eine eigene Marke und vielleicht sogar einen Namen in der Community aufgebaut, die für Sie und Ihre Arbeit relevant ist.

Durch Ihre Beschäftigung haben Sie nun eventuell auch erste Referenzen: Blogartikel, die Sie geschrieben haben, Videos, die Sie gedreht haben, Projekte, an denen Sie im Rahmen Ihres 450-Euro-Job mitgearbeitet haben – eine Website, auf der Sie zeigen, was Sie können. Diese Erfahrungen und Referenzen versetzen Sie nun in die Lage, sich langsam auf den Weg zu machen und zu überprüfen, ob Sie es schaffen können, mit Ihrer Leidenschaft Ihren Lebensunterhalt zu bestreiten.

Falls Sie sich fragen, nach wie vielen Monaten oder Jahren dieser Zeitpunkt nun gekommen sein sollte, muss ich Sie leider enttäuschen. Dieser Zeitpunkt ist bei jedem von uns unterschiedlich: Einige kommen schnell in die Situation, Ihr Nebengeschäft ausbauen und davon leben zu können, andere finden schon nach wenigen Wochen der Bewerbung einen Hauptjob, in den sie wechseln können. In den meisten Fällen allerdings müssen Sie – wie bei vielen anderen vorherigen Schritten auch – Geduld mitbringen: Viele brauchen Monate oder sogar Jahre, um sich genug Gehalt und Reputation zu erarbeiten, um von ihrer selbstständigen Tätigkeit leben zu können. Viele erhalten monatelang Absagen für ihren Traumjob oder können nicht genug Klienten an Land ziehen, um endlich von Ihrer Selbstständigkeit in Ihrer Leidenschaft gut leben zu können.

Ich kann Sie nur bitten, sich von dieser harten Realität nicht entmutigen zu lassen. Die Schwierigkeit dieses wichtigen Schrittes führt Ihnen schließlich nur das Ausmaß Ihrer positiven Entscheidung vor Augen – und macht gleichzeitig klar, wie weit Sie bereits gekommen sind. Lassen Sie sich auf den letzten Metern nicht von Ihrem Ziel abbringen, falls es noch einmal schwierig werden könnte. An dieser Stelle wird es vielleicht einmal wieder Zeit für aufmunternde wissenschaftliche Belege dafür, dass sich Ihre Geduld auszahlen wird. Lassen Sie uns also zunächst damit weitermachen.

## "HEIßE" UND "KALTE" DENKER – UND IHRE ERFOLGSCHANCEN

Vor Jahren schon habe ich einen Satz des berühmten Bill Gates gelesen, der mir seitdem nicht aus dem Kopf geht: "Die meisten Menschen überschätzen, was Sie in einem Jahr erreichen können und unterschätzen, was sie in zehn Jahren schaffen können." Was Bill Gates damit meint, lässt sich mit einem interessante psychologischen Phänomen verknüpfen, das wir bereits zu Beginn dieses Buches kurz kennenlernen durften: “Discounting the Future” (auf Deutsch: “Die Herabsetzung der Zukunft”). Dieser Begriff beschreibt, dass wir in der Regel eine kleine Belohnung, die wir sofort erhalten, gegenüber einer großen Belohnung, die wir zu einem späteren Zeitpunkt erhalten, bevorzugen. Wir sind also bereit, etwas Schlechteres zu akzeptieren, wenn wir es denn nur sofort bekommen können.

Der berühmte Marshmallow-Test von Walter Mischel, der in den 1960er Jahren durchgeführt wurde, verdeutlicht das Phänomen sehr anschaulich. In diesem wissenschaftlichen Experiment wird vierjährigen Kindern getrennt voneinander jeweils eine Schüssel voll mit Marshmallows serviert, mit der sie einige Minuten allein gelassen werden. Die Organisatoren des Experiments versprechen den Kindern: Wenn sie die Marshmallows nicht anrühren, erhalten sie danach eine noch größere Portion Marshmallows. Das Spannende daran: Das Experiment war der Beginn einer Langzeitstudie. Über Jahre hinweg wurden die Kinder weiter in ihrem Lebensweg beobachtet. Es stellte sich heraus, dass diejenigen Kinder, die es geschafft haben, die Marshmallows bis zur Rückkehr der Erwachsenen nicht anzurühren, später einen erfolgreicheren Lebensweg bestritten. Laut Mischel liege dies an einer besonderen Fähigkeit, nämlich der Fähigkeit zum Belohnungsaufschub, also dem Ablehnen einer geringeren Belohnung zugunsten einer höheren Belohnung, die man später erhält. Kinder, die dazu in der Lage sind, verfügen über Geduld und Selbstkontrolle – Fähigkeiten, die für Erfolg besonders wichtig sind.

Doch warum fällt es uns so schwer, diese Fähigkeit zu entwickeln? Die Gründe dafür liegen in unseren tiefsten Veranlagungen: Als Jäger und Sammler ist es uns schon immer wichtig gewesen, sofort die Beute für unsere Bemühungen erhalten können. Abwarten hingegen war und ist stets mit Ungewissheit darüber verbunden, ob wir die erarbeitete Belohnung überhaupt noch bekommen. Wir müssen die Chance jetzt ergreifen! Wir können uns schließlich nicht sicher sein, ob tatsächlich bald wieder ein Mammut vorbeikommt – oder: ob wir tatsächlich eine Schüssel mit noch mehr Marshmallows erhalten.

Der rationale, vernünftige Teil unseres Gehirns, der für langfristiges Denken und logische Zusammenhänge zuständig ist, trifft diese Entscheidung also nicht. Walter Mischel unterscheidet hier das "heiße" und das "kalte" System, das unser Handeln bestimmt: Das "heiße" System reagiert impulsiv auf bestimmte Reize und löst damit eine Handlung in uns aus; das "kühle" System hingegen wägt ab und trifft eine eher rationale, kalkulierte Entscheidung. Die "Heißen Denker", d.h diejenigen, die sich gegen einen Belohnungsaufschub entscheiden und nehmen, was sie kriegen können, sind also wieder von unserem wohlbekannten limbischen System getroffen: Wir sehen einen Reiz und wollen die angebotene Belohnung haben – und weil wir auf einen Reiz reagieren, muss die Belohnung sofort erfolgen.

Was hat das nun mit unserem Weg in den Traumjob zu tun? Nun, wenn wir Arbeit (und Hoffnung!) in eine Bewerbung investieren, dann wollen wir möglichst bald die Früchte dieses Investments ernten. Das Gleiche gilt, wenn wir an unserer Selbstständigkeit arbeiten. Wir wollen belohnt werden und möglichst bald sehen, dass alles klappt, dass wir eine gute Entscheidung getroffen haben. Diese Emotionen sind auch dafür verantwortlich, dass wir schnell frustriert sind, wenn wir lange keine positive Rückmeldung erhalten oder der Erfolg kurzfristig ausbleibt.

Der Studie von Walter Mischel entnehmen wir jedoch, dass es sich auszahlt, am Ball zu bleiben und nicht zuzulassen, dass unser "heißes" Denken die Kontrolle über uns übernimmt. Es lohnt sich, dass wir uns auf "kalt" programmieren. Wir lernen, dass kaltes Denken, Durchhaltevermögen und Geduld ein klarer Erfolgsfaktor ist – und es keinen Sinn macht, den erstbesten Job zu ergreifen, nur weil er uns angeboten wird.

## Begeistern Sie Arbeitgeber und Kunden für sich

Nachdem wir uns nun ausgiebig mit den Hintergründen von Geduld, Durchhaltevermögen und deren Einfluss auf unseren Erfolg befasst haben, wird es Zeit, ins Machen zu kommen. Jetzt geht es darum, Ihrem Traumjob näher zu kommen, um potenzielle Kunden oder einen Arbeitgeber für Sie und Ihre Leidenschaft begeistern zu können.

Falls Sie auf der Suche nach einer Festanstellung im Bereich Ihrer Leidenschaft sind, geht es nun also damit los, sich zu bewerben. Dafür können Sie unterschiedliche Wege gehen. Der konventionelle Weg besteht darin, sich auf ausgeschriebene Stellenanzeigen zu bewerben. Sie finden Stellenanzeigen in den bereits erwähnten, gängigen Jobbörsen und in ausgewählten, branchenspezifischen Medien, etwa Online-Magazinen, Foren oder anderen Plattformen, aber auch in Facebook- oder LinkedIn-Gruppen. Machen Sie sich hier am besten eine Übersicht, abonnieren Sie Jobs, die für Sie spannend sind – so erhalten Sie gleichzeitig regelmäßig Vorschläge, die zu Ihrem Gesuch passen.

Ich kann Ihnen allerdings nur raten, sich nicht ausschließlich auf jene ausgeschriebenen Stellen zu verlassen. Führen Sie gleichzeitig eine Recherche an Arbeitgebern durch, die für Sie spannend klingen. Untersuchen Sie hier, ob es die Möglichkeit einer Initiativbewerbung gibt. Falls nicht, nehmen Sie das Unternehmen trotzdem mit auf Ihre Liste an Arbeitgebern, bei denen Sie sich gern bewerben möchten. Denken Sie daran: Sie gestalten diese Reise maßgeblich mit! Auch wenn Ihre Chancen bei einer Initiativbewerbung (noch dazu bei einer, nach der nicht gefragt wurde) vielleicht geringer stehen als bei einer Bewerbung auf eine ausgeschriebene Position, so beweisen Sie doch echte Eigeninitiative und aufrichtiges Interesse an jenem Arbeitgeber, wenn Sie sich trotzdem melden. Vor allem bei kleineren und mittelständischen Unternehmen können Sie damit punkten.

In jedem Falle sollten Sie sich nicht die Chance nehmen lassen, Ihre Geschicke in die eigenen Hände zu nehmen, wenn es darum geht, Ihren Traumjob zu landen. Werden Sie daher initiativ und erklären Sie dem betreffenden Unternehmen genau, weshalb es das nächste Kapitel in Ihrem Storytelling sein sollte. Selbstverständlich ist es dafür unerlässlich, ausgiebige Recherchen über eben jenen Arbeitgeber durchzuführen.

Stellen Sie außerdem sicher, dass Sie nicht nur Argumente verwenden, die Ihr eigenes Wohl in den Vordergrund stellen. Besteht Ihre Begründung dafür, dass Sie bei diesem Arbeitgeber Ihren Traumjob ausüben wollen, lediglich daraus, dass Sie bei ihm viele Freiheiten und Annehmlichkeiten genießen könnten, reicht dies schlicht und einfach nicht aus. Sie sollten klarmachen, weshalb Sie und das Unternehmen zusammenpassen und inwiefern Ihre Fähigkeiten einen konkreten Beitrag zum Erfolg des Unternehmens leisten könnten. Nehmen Sie sich daher ausreichend Zeit dafür, die Firmengeschichte und -ziele zu analysieren: Welche Ziele will dieses Unternehmen langfristig und mittelfristig erreichen? Formulieren Sie dann ganz genau, in welcher Rolle und mit welchen Stärken Sie das Unternehmen dann dabei unterstützen könnten. Seien Sie dabei selbstbewusst.

Lassen Sie sich nicht von Ihrer eigenen inneren Stimme oder von Ihrem Umfeld einreden, dass Sie die erstbeste Zusage akzeptieren müssten. Das müssen Sie nicht! Auch Ihr Traumjob kann zu einem wahren Alptraum werden, wenn Sie ihn bei einem toxischen Arbeitgeber oder unter schlechten Bedingungen ausüben. Denken Sie daran: Nur weil Sie Ihre Leidenschaft ausleben wollen, heißt das nicht, dass Sie dafür leiden müssen. Mit dieser (sehr gesunden) Einstellung kann es Ihnen allerdings passieren, dass sich die Bewerbungsphase über einige Monate hinzieht. Egal, ob Sie sich noch in Ihrem alten Arbeitsverhältnis befinden, von Ersparnissen oder von sozialen Zuwendungen leben – lassen Sie sich nicht in ein zerstörerisches Arbeitsverhältnis drängen und bewahren Sie Ruhe. Sie riskieren Ihre körperliche und psychische Gesundheit, wenn Sie überstürzt einen Job annehmen, der Sie belastet.

Auch wenn einige Menschen in unserer Gesellschaft die Meinung vertreten, dass es unsere Pflicht sei, einfach irgendeinen Job auszuüben, Hauptsache, man beteiligt sich am Bruttosozialprodukt, kann ich Ihnen versprechen: Sie richten für unsere Wirtschaft, unser Gesundheitssystem und sich selbst nur mehr Schaden an, als Sie Gewinn bringen, wenn Sie in einem Job arbeiten, der Sie unglücklich oder sogar krank macht. Also lassen Sie sich kein schlechtes Gewissen einreden, wenn Ihre Bewerbungsphase etwas Zeit in Anspruch nimmt. Generell empfehle ich Ihnen, die Wartezeit mit viel Lernen und Netzwerkausbau zu verbringen. Auf diese Weise verlieren Sie keine Zeit, sondern nutzen diese, um in Ihrem Handwerk noch besser zu werden.

Falls Sie sich selbstständig machen wollen und auf der Suche nach Kunden sind, gilt das Gleiche. Bieten Sie Ihre Dienste offiziell an und durchstöbern Sie konkrete Gesuche, aber seien Sie auch kreativ! Auch für Sie sind beispielsweise Stellenanzeigen in den gängigen Jobbörsen eine spannende Quelle: Hier lernen Sie, welche Fähigkeiten ein Unternehmen aktuell sucht. Aber auch Sie können sich nach potenziellen Auftraggebern umschauen, für die Sie gern einmal arbeiten würden. Kontaktieren Sie potenzielle Kunden und stellen Sie sich vor. Dazu können Sie Ihr gekürztes Storytelling verwenden: Achten Sie lediglich darauf, dass Sie Ihre eigene Person und Ihre Erlebnisse etwas zurücknehmen und stattdessen den potenziellen Auftraggeber in den Fokus rücken: Warum sind gerade Sie in der Lage, für den betreffenden Klienten Aufträge zu erledigen? Warum genau verstehen Sie die Lage des Unternehmens besonders gut? Welche Erfahrungen genau befähigen Sie dazu, hier einen guten Job zu machen? Seien Sie dabei so präzise wie nur möglich. Stellen Sie sich immer auch die Frage danach, was aus Ihrer Sicht das Storytelling Ihres potenziellen Auftraggebers ist (einige Unternehmen präsentieren dies auf ihrer Website) und an welchen Stellen genau dieses Storytelling mit Ihrem eigenen zusammenpasst. Vielleicht können Sie bei einer Bewerbung auch direkt eine kurze Arbeitsprobe mitschicken, um zu verdeutlichen, dass Sie das Potenzial haben, Aufträge für dieses Unternehmen adäquat umzusetzen.

Anders als bei denjenigen, die auf der Suche nach einer Festanstellung sind, müssen Sie gar nicht allzu wählerisch sein. Betrachten Sie auch kleinere Aufträge als Übung und als Möglichkeit, mehr Erfahrungen, Kontakte und Referenzen zu sammeln. Allerdings gilt auch hier: Geben Sie sich nicht leichtfertig unter Wert her! Wenn ein Auftrag schlecht vergütet ist, Sie ihn aber spannend finden, nehmen Sie das Angebot an! Haben Sie Spaß an Ihrer Arbeit, sammeln Sie Referenzen und üben Sie, um Ihr Handwerk weiter zu perfektionieren. Ist ein Auftrag allerdings weder lehrreich noch reizvoll für Sie, nehmen Sie ihn nicht an, wenn er schlecht vergütet ist oder ansonsten gegen Ihre Bedürfnisse und Interessen spricht. Auch hier gilt: Falls Sie sich finanziell über Wasser halten müssen, schauen Sie, welcher von den angebotenen Aufträgen für Sie wenigstens irgendeinen Vorteil hat, sodass Ihre Arbeit dennoch sinnvoll ist. Verlieren Sie auf der Reise allerdings nicht den Spaß – selbst wenn die Suche etwas dauern kann.

### Das Ergebnis dieses Kapitels

Dieses Kapitel hat Ihnen die Bedeutung von Charaktereigenschaften wie Geduld und Durchhaltevermögen für langfristigen Erfolg auf Ihrer Reise erklärt. Mithilfe von praktischen Bewerbungstipps können Sie sich nun auf die Suche nach einer Festanstellung machen oder sich als Selbstständiger nach und nach einen Kundenstamm aufbauen, der Ihren Vorstellungen entspricht und Ihren Lebensunterhalt sichert.

# Schritt 10: Überprüfen Sie Ihre Entscheidung

Fakt ist: Wir können nicht alles über unseren Traumjob wissen, bevor wir angefangen haben, in diesem Job zu arbeiten. Das volle Ausmaß unserer Entscheidung können wir erst einschätzen, wenn wir mit der tatsächlichen Arbeit begonnen und Tätigkeit und Umfeld eine Zeit lang kennengelernt haben. Lassen Sie sich daher genug Zeit, um Ihre neue Tätigkeit und Ihr neues Umfeld "schätzen zu lernen". Falls Sie Zweifel haben, werfen Sie nicht allzu früh das Handtuch – denn manchmal ist aller Anfang schwer.

## Gutes Einleben dauert: Der "Arbeitsplatz-Kulturschock"

Das liegt aber nicht unbedingt daran, dass Sie eine falsche Entscheidung getroffen haben, sondern an dem simplen Fakt, dass Sie sich in einer neuen Umgebung befinden. Hier erleben wir häufig das Phänomen des "Arbeitsplatz-Kulturschocks". Was bedeutet das? Nun, ein Kulturschock beschreibt einen psychologischen Prozess, den wir durchlaufen, wenn wir in ein neues Umfeld geraten. Ursprünglich wurde der Begriff in den 1950er Jahren von der Anthropologin Cora DuBois für diesen Prozess definiert und später von einigen Kollegen mithilfe von weiterer Forschung nachgeschärft. Heute wird er immer noch vor allem im Kontext vom Einleben in einen neuen Kulturkreis in einem fremden Land verwendet, wo wir auf Wertesysteme, Verhaltens- und Denkweisen treffen, die sich von denen in unserem eigenen Kulturkreises unterscheiden. Sind wir mit diesen Unterschieden jeden Tag über mehrere Monate konfrontiert, etwa weil wir in ein anderes Land ziehen, muss sich unsere Gedanken- und Gefühlswelt an diesen neuen Umstand anpassen.

In der Regel besteht ein solcher Kulturschock aus vier Phasen. Das macht auch den Begriff des "Kulturschocks" etwas irreführend – es handelt sich keineswegs um einen kurzen Moment des Schreckens, sondern um eine länger andauernde Entwicklung, die die folgenden Phasen umfasst: Die Honeymoon-Phase, die Krise, die Erholung und die Anpassung. Während im ersten Teil dieser Entwicklung alles neu, aufregend und spannend erscheint, tritt nach kurzer Zeit die zweite Phase, die Krise, ein: Immer stärker fällt uns auf, was anders ist, was uns an der neuen Umgebung stört und was vorher besser war. Am Ende treibt die Krise-Phase oft all diese negativen Gefühle auf die Spitze. Wir empfinden Angst, ziehen uns zurück, erleben das Fremdheitsgefühl als Stress und können sogar eine Feindseligkeit gegenüber unserer neuen Umgebung empfinden. Diese Phase geht häufig auch mit starken Selbstzweifeln einher: Wieso schaffen wir es nicht, uns gut einzuleben? War der Schritt ein Fehler? Wer es aus dieser tiefen Phase herausgeschafft hat, erreicht die dritte Phase der Erholung. In dieser Phase kennen und verstehen wir die neuen Gegebenheiten, haben die Unterschiede akzeptiert und können dieses Wissen gezielt nutzen, um uns ins neue Umfeld zu integrieren. Von diesem Stadium aus wird erst danach die vierte und letzte Phase des Kulturschocks, die Anpassung, erreicht: Realistisch und differenziert können wir Vor- und Nachteile der neuen Situation erkennen und die guten Seiten schätzen lernen. Dieser Zustand legt den Grundstein für ein "Zuhausefühlen".

Was lernen wir aus diesem Phänomen? Ganz einfach: Nehmen Sie sich die ersten Monate, vielleicht auch ein Jahr, um Ihren Schritt wirklich sinnvoll und differenziert beurteilen zu können. Das "Umziehen" in einen neuen Job erlaubt uns oft erst nach Monaten, einen wirklich realitätsnahen und fairen Eindruck von der neuen Umgebung zu erhalten. Auf dem Weg zu diesem Zustand sind wir oft noch von der Neuartigkeit und der Andersartigkeit der neuen Umgebung überfordert, frustriert, verängstigt. Ein neutrales und sachliches Beurteilen der neuen Verhältnisse ist hier oft unmöglich.

### Romantisieren der Vergangenheit: Blicken Sie ehrlich zurück!

Noch ein weiterer Aspekt kann unsere Wahrnehmung in Bezug auf unsere berufliche Neuorientierung stark beeinflussen: Gerade, wenn zwischen der alten und neuen beruflichen Station ein kleines Sabbatical, d.h. eine mehrmonatige oder mehrwöchige Pause lag, sind wir manchmal gedanklich und emotional schon so weit von unserer damaligen Tätigkeit entfernt, dass wir uns nicht mehr genau daran erinnern können, wie schwierig der vorherige Job war und wie unwohl wir uns gefühlt haben.

Für solche Momente können Sie Ihr Tagebuch zücken und sich noch einmal in Ihre alte Welt hineinversetzen. Reflektieren Sie vor diesem Hintergrund – fühlen Sie sich besser oder schlechter als damals? Was scheint für Sie immer noch falsch? Mit welchen Aspekten Ihrer Arbeit fühlen Sie sich wohl, mit welchen nicht? Sie können auch noch einmal die Checkliste aus Kapitel 1 hervorholen, um sicherzustellen, dass es eben nicht das Ausüben Ihrer Leidenschaft ist, das Ihnen gerade nicht guttut, sondern vielleicht ein anderer Faktor.

### Werden Sie aktiv und optimieren Sie Ihre Situation!

Sollten Sie während der ersten Monate eine Durststrecke in Bezug auf Ihr Ankommen im neuen Job empfinden, denken Sie an Folgendes: Sie haben bis hierhin wahrscheinlich große Bemühungen unternommen, um in Ihrer Leidenschaft arbeitsfähig zu werden und Professionalität aufzubauen. Versuchen Sie, mit dem selben Elan nun auch in den neuen Job zu starten. Viele von uns, die lange in einem Job gearbeitet haben, der sie nicht voll erfüllt, haben sich schon daran gewöhnt, Dienst nach Vorschrift zu machen oder einfach den bestehenden Regeln zu folgen. Dies sind nun nicht mehr Sie. Nutzen Sie die Energie und die Motivation, die Sie bis zum aktuellen Schritt mobilisieren konnten, und stürzen Sie sich in Ihrer neuen Tätigkeit mit vollem Elan in Ihre Aufgabenwelt: Überlegen Sie weiter, was Sie noch lernen können. Arbeiten Sie sich in die Tools und Methoden Ihres Arbeitsplatzes, Ihrer Kollegen, der Teams ein, um Ihre Expertise weiter zu schärfen. Wahrscheinlich wird Ihnen früh klar werden, dass Sie durchaus einige Fähigkeiten aus Ihrer letzten Karriere auch in diese Karriere einbringen können – und dass Sie nicht alles neu lernen müssen, sondern auch Ihre neuen Kolleginnen und Kollegen mit Ihren großen erlernten Stärken tatkräftig unterstützen können.

Das Gleiche gilt für das soziale Einleben: Geben Sie Ihren Kollegen, Kunden, Gleichgesinnten, Branchenexperten eine echte Chance. Versuchen Sie, mit Kolleginnen und Kollegen in den Austausch zu treten, Möglichkeiten zur Kommunikation wahrzunehmen und sich selbst zu zeigen, so wie Sie sind. Der mutige und offene Austausch mit Menschen aus Ihrem Arbeitsumfeld – ganz egal, ob Sie fest angestellt oder selbstständig sind – kann Ihnen das Leben, Lernen und Arbeiten wesentlich leichter und angenehmer machen.

Bemerken Sie hingegen, dass es tatsächlich das Arbeiten in Ihrem Traumjob ist, dass Ihnen zu schaffen macht, verzagen Sie nicht. Wir sind auf dieser Welt, um Erfahrungen zu machen und Neues über uns und das Leben zu lernen. Auch wenn es für Sie im ersten Moment frustrierend wirken mag:

Es gibt nicht nur Ihren alten Job und Ihren (vermeintlichen) Traumjob. Begeben Sie sich also weiter akribisch auf die Suche danach, womit Sie den Großteil Ihrer sogenannten Wachzeit in Ihrem Leben verbringen wollen.

Wenn auch der Traumjob Sie insgesamt eher belastet als erfüllt hat, so bedeutet dies nicht, dass Sie wieder in Ihren alten Job zurückkehren sollten, denn von dem wissen Sie ja bereits, dass er Sie ebenfalls belastet. Stellen Sie sich stattdessen neue Fragen: Welche Aufgaben haben mir in beiden Jobs Spaß gemacht? Was konnte ich besonders gut? Wo habe ich mich vielleicht doch erfüllt gefühlt? Nehmen Sie diese Fragen als Ausgangspunkt für neue Überlegungen.

Diese Überlegungen müssen übrigens nicht immer bedeuten, dass Sie den Job unbedingt wechseln müssen. Nehmen Sie erst einmal jene Aufgaben, die Sie in Ihrem Aufgabenspektrum als erfüllend empfinden und finden Sie eine für Ihren Chef logische Argumentation, diese Aufgaben häufiger auszuüben – wenn es tatsächlich Sinn macht. Behalten Sie jedoch im Hinterkopf: Kein Job ist perfekt. Versuchen Sie den Sinn auch in den Aufgaben zu finden, die Ihnen bisher zuwider waren. Welchen Sinn haben diese Aufgaben für Ihr großes Ganzes? Was ist gut an diesen Aufgaben? Was können Sie lernen?

Es geht jedoch nicht einzig und allein darum, wie Sie sich mit der Aufgabe fühlen. Passen die Rahmenbedingungen zu Ihnen? Gelingt es Ihnen, die neue finanzielle Situation gut zu bewältigen? Leidet Ihre Beziehung chronisch unter dem neuen Traumjob? Beobachten Sie also sorgfältig, wie sich die neue Tätigkeit in den Rest Ihres Lebens auf Dauer integrieren lässt. Sobald Sie Probleme verspüren – seien Sie aufmerksam! Praktizieren Sie weiterhin Ihre "Stunde des Zweifelns"! Und wenn Sie bemerken, dass Ihnen der Job Spaß macht, seine Rahmenbedingungen aber Schwierigkeiten mit sich bringen, investieren Sie in die Problemlösung, statt Ihren Traumjob wieder zu verlassen oder Ihr Leben zugunsten Ihres Traumjobs gegen die Wand fahren zu lassen. Sie sind nun niemand mehr, der die Gegebenheiten einfach hinnimmt. Sie sind nun ein Macher, der die Dinge anpackt! Sollte Ihre finanzielle Situation leiden, suchen Sie nach der Probezeit das Gespräch mit Ihrem Chef oder schrauben Sie als Selbstständiger Ihre Stundensätze nach oben. Sprechen Sie mit Ihrem Partner, reduzieren Sie weiter unnütze Ausgaben. Sollte Ihre Beziehung leiden, suchen Sie das Gespräch mit Ihrem oder Ihrer Liebsten und schaffen Sie sich kleine, gemeinsame Oasen im Alltag, auf die Sie sich beide freuen können.

### Der Weg ist eine Reise – gehen Sie auf Entdeckungstour!

Es kann frustrierend sein, nach all den Bemühungen nicht am Ziel angekommen zu sein. Strategie-Coach Terri Trespicio berichtete in ihrem aufregenden TED Talk, der den Titel "Stop Searching for Your Passion" (dt. "Hören Sie auf, nach Ihrer Leidenschaft zu suchen") trägt, wie sie die stressige Jagd nach ihrem Traumjob müde gemacht hat: Der Gedanke daran, den einen Job zu finden, in dem die eigene Leidenschaft voll ausgelebt werden und endlich die ewig ersehnte Erfüllung gewonnen werden kann, löste in ihr Druck, Frustration und Sorgen aus. Erleichterung fand sie hingegen darin, einfach einmal Dinge auszuprobieren, die spannend für sie klangen – ohne strategischen Blick auf den Lebenslauf, Kindheitsträume und mehr. Aus den Jobs, die sie mithilfe dieses Ansatzes erhielt, strickte sie schließlich ihr spannendes, einzigartiges Fähigkeitsprofil, das sie heute zu einem vielseitig begabten Coach werden ließ.

Eine aktuelle Studie der Stanford University und der Yale University untermauert Terris Erfahrungen mithilfe wissenschaftlicher Untersuchungen. Durch drei verschiedene Experimente zeigen die Forscher Paul O'Keefe, Carol Dweck und Gregory Walton in ihrer Arbeit, dass die Annahme, wir hätten eine fixe Leidenschaft, die es nur zu finden und zu verfolgen gilt, sogar gefährlich sein kann: Nicht nur sei hier der Frust schon vorprogrammiert, wenn sich die eine

Leidenschaft nicht so leicht finden lässt oder sich die berufliche Ausübung dieser Leidenschaft in der Praxis als enttäuschend herausstellt. Die Annahme beinhaltet auch, dass unsere Leidenschaft fest in uns angelegt ist und wir sie wie einen Schatz ausgraben müssen. Haben wir unsere Leidenschaft dann tatsächlich gefunden, behandeln wir sie wie eine ultimative Wahrheit, die für immer gilt. Dieses "festgelegte" Mindset sorgt laut der Forscher dafür, dass wir weniger offen für Neues sind und so vielleicht Chancen verpassen, die uns sogar noch mehr Lebensqualität bringen können. Eine Leidenschaft sollte daher nicht entdeckt und verfolgt, sondern entwickelt und gestrickt werden. Wir können es also durchaus zulassen, dass uns unsere Intuition durch Ausprobieren verschiedener Tätigkeiten leitet – Schritt für Schritt.

Egal jedoch, ob Sie in Ihrer aktuellen Profession endlich eine Tätigkeit gefunden haben, die Sie erfüllt, oder ob Sie weiter auf der Suche sind: In meiner Laufbahn habe ich bereits einige Karrierewechsel beobachtet. Einige gingen den Betroffenen leicht von der Hand, einige verursachten mittelschwere und größere Probleme, aber Fakt ist, dass die persönliche Entwicklung, die Sie hierher getragen hat, Ihnen dabei helfen wird, auftretende Herausforderungen zu bewältigen und Probleme aus dem Weg zu räumen – bis Sie das Leben leben, das Sie sich vorgestellt haben.

### Das Ergebnis dieses Kapitels

Dieses Kapitel thematisiert das Ankommen in Ihrem Traumjob. Es geht kurz auf einige mögliche Fallstricke ein, die Ihnen die Einarbeitung im neuen Karrierepfad erschweren können. Es macht Ihnen konkrete Vorschläge, wie Sie damit umgehen können, wenn Sie skeptisch sind, ob dies der richtige Schritt war. Es erklärt außerdem, dass unsere Leidenschaft nicht fest in uns angelegt ist und nur gefunden werden muss, sondern etwas ist, das wir durch optimistisches Ausprobieren selbst entwickeln können.

# Schritt 11: Lassen Sie das Feuer in der Hölle

Egal, wie lang oder kurz Ihre Reise ist – an einem gewissen Punkt werden Sie es geschafft haben: Sie haben den mutigen Weg zu Ihrem Traumjob verfolgt und gehen nun tatsächlich einer Tätigkeit nach, die Sie erfüllt, die Sie jeden Morgen mit einem Lächeln in den Tag starten lässt und die es Ihnen erlaubt, ein glückliches Berufsleben zu führen.

Und dennoch: Damit ist es noch nicht ganz getan. Einige Menschen sind stark traumatisiert von ihren negativen Erfahrungen mit Arbeit, den daraus resultierenden Glaubenssätzen und Annahmen über Arbeit, Kollegen, Vorgesetzte und Kunden. Dafür müssen Sie nicht unbedingt die Diagnose eines Burnouts oder eines Boreouts erhalten haben. Es reicht, wenn Sie negative Gedanken an die Arbeit, genauso wie Ängste und Wut manchmal bis in den Schlaf verfolgt haben. Kommen Sie aus einem sehr wettbewerbsgetriebenen Umfeld, in dem Ihre Kollegen reine Konkurrenten waren und in dem Sie vielen Intrigen ausgesetzt waren, ist es vielleicht heute schwer für Sie, das Verhalten eines Kollegen oder Vorgesetzten einfach als freundlich und nicht als hinterhältig zu interpretieren.

### Klettern Sie in den Himmel – und sehen Sie sich um!

Meine eigene psychologische Begleitung hatte einen hervorragenden Ausdruck dafür, als ich ihr davon erzählte, dass ich befürchte, einige alte Denk- und Verhaltensweisen mitgenommen zu haben, in meinen neuen Job, meinen Traumjob: "Wenn Sie aus der Hölle in den Himmel klettern, dürfen Sie das Feuer nicht mitnehmen."

Viele Betroffene sind gefangen in ihren Denk- und Verhaltensmustern. Wenn Sie diese nicht aufdecken und sich mit ihnen befassen, sodass Sie sie auflösen und gegen neue Muster eintauschen können, werden Sie viele belastende Dinge aus Ihrem alten Umfeld in Ihr neues Umfeld mitnehmen.

Lassen Sie mich an einem konkreten Beispiel verdeutlichen, was ich meine. In Ihrem alten Job war es vielleicht so, dass Sie mehrere Berufsjahre und Jahre der Firmenzugehörigkeit vorweisen konnten, weshalb Sie sich bereits ein stattliches Gehalt aufbauen konnten. Da Ihre inhaltliche Arbeit Ihnen keine Freude bereitet hat, war dieses Gehalt und seine Höhe wichtig für Sie. Es hat Ihnen lange einen triftigen Grund dafür gegeben, Ihren Job auszuüben. Einen Jobwechsel haben Sie sich viele Jahre lang ausgeredet, mit genau diesem Argument: Nirgendwo werden Sie so viel Geld verdienen wie hier. Im Freundeskreis gab es viele Personen, die Sie wegen Ihres hohen Gehalts beneidet haben – viele von ihnen und viele Ihrer Kollegen verdienen wesentlich schlechter. Das einzige, was Ihnen also etwas an diesem alten Job gegeben hat, war das Gehalt. Heute, wo Sie einen Karrierewechsel vollzogen haben und sich vielleicht in einer Branche oder in einem Unternehmen befinden, in dem die Gehälter durchschnittlich weitaus niedriger sind, erhalten Sie jetzt ein geringeres Gehalt. Das war Ihnen vorher klar, schließlich haben Sie sich ja für diesen Weg entschieden. Und trotzdem: Es ärgert Sie. Es ärgert Sie, eine niedrigere Summe auf Ihrer Gehaltsabrechnung zu sehen. Es ärgert Sie, dass es in der neuen Firma so viele Menschen gibt, die besser verdienen als Sie. Es ärgert Sie, dass auf einmal Freunde von

Ihnen, die früher viel weniger verdient haben als Sie, nun ein höheres Gehalt beziehen. Und dann auch noch die Sprüche aus Ihrem Umfeld! "Auf so viel Geld hätte ich nie verzichtet!". Und dann dieser Kollege, von dem Sie wissen, dass er mehr verdient als Sie! So brillant ist der doch gar nicht! Er hat in letzter Zeit mindestens einen dummen Fehler gemacht! Wieso verdient der mehr als Sie?

Wundern Sie sich nicht, schämen Sie sich nicht. Ihre Reaktion ist verständlich und normal – aber Sie sollten sich ihr nicht einfach so hingeben.

Ich kann Ihnen nur raten: Versuchen Sie, Ihre Perspektive zu wechseln. Genießen Sie Ihre neue, erfüllendere Einstellung zum Arbeiten. Erlauben und trainieren Sie sich darauf, Ihren Fokus nun auf die inhaltlichen Erfolge richten und nicht mehr auf Macht und Gehalt beharren zu müssen. Perfektionieren Sie Ihr Handwerk, werden Sie der Meister Ihrer Leidenschaft. Und kümmern Sie sich nicht darum, was andere haben, sagen, meinen. Der Fokus auf die Verbesserung Ihrer inhaltlichen Arbeit hat nämlich einen entscheidenden Vorzug gegenüber einem hohen Gehalt, Macht und Prestige: Sie haben bessere Kontrolle darüber. Also arbeiten Sie weiter an Ihren Fähigkeiten und verbessern Sie Ihre Arbeitsweise! Arbeiten Sie daran, ein netter, hilfsbereiter Kollege zu sein, und genießen Sie die Wertschätzung, die man Ihnen dafür entgegenbringen wird. Sie werden sehen: Einfluss, Ansehen und Wertschätzung kommen dann von ganz automatisch – und die nötige Portion Spaß ebenfalls!

## Genießen Sie es, Schüler zu sein

In Ihrer bisherigen Karriere waren Sie vielleicht ein alter Hase und hatten bereits einige Berufsjahre auf dem Buckel. Sie sind es deswegen nicht mehr gewöhnt, der oder die Neue zu sein, sich Dinge erklären zu lassen, sich bei einigen Arbeitsschritten helfen zu lassen, oder aber auch zum Zwecke der Einarbeitung für kleinere Hilfsarbeiten eingebunden zu werden. Verinnerlichen Sie sich in solchen Momenten Ihr ursprüngliches Ziel: Denken Sie an Ihren alten Job zurück – diese Aufgabe, die Sie mürbe gemacht, die Sie gelangweilt, die Sie kaputtgemacht hat. Ist es nicht besser, diese Arbeit hinter sich gelassen zu haben und wieder neu lernen zu dürfen? Ein aufregendes, lebendiges Leben voller neuer Entdeckungen zu führen? Genießen Sie Ihre inhaltliche Arbeit, lassen Sie sich nicht durch Ihrem Ego davon abhalten, weiter zu lernen und zu wachsen, bis Sie in Ihrem Gebiet ein anerkannter Experte sind.

Denken Sie daran: Ihr Ego ist das, was Sie lange Zeit davon abgehalten hat, ein erfülltes Leben zu führen. Sie werden erleben, dass Ihr Ego Ihnen sagt, dass Jobs eigentlich kein Spaß machen. Sie werden erleben, dass Ihr Ego Ihnen sagt, dass es jetzt peinlich ist, noch einmal um Hilfe zu bitten, dass es peinlich ist, einen Fehler gemacht zu haben. Es kann sein, dass Sie nun in einer Phase Ihrer Karriere sind, an der Sie am Wochenende Tutorials schauen und Bücher lesen müssen, um weiter in Ihren Beruf hineinzukommen. Sie werden erleben, dass Ihr Ego Ihnen sagt: "Und das soll jetzt dein neues Leben sein? Du investierst ja mehr Zeit in die Arbeit als vorher! Lohnt sich das wirklich? Vielleicht solltest du zurückgehen."

## Wieso Lernen uns glücklich macht

Ich möchte dazu eine Perspektive mit Ihnen teilen, die der Autor Anthony Moore vom Blog The Ascent in einem sehr lesenswerten Artikel geteilt hat. In "Focus on Learning and Creating, Not Entertainment and Distraction" (dt. "Konzentriere dich auf das Lernen und Erschaffen, nicht auf Unterhaltung und Ablenkung") beschreibt Moore, dass wir unsere Zeit und unsere finanziellen Mittel häufig in die Unterhaltung und Ablenkung von unserem Alltag investieren. Diese Beschäftigung soll uns etwas Gutes tun, wir belohnen uns mit dieser Beschäftigung für die harte Arbeit, die wir im Job ertragen. Und dennoch finden wir darin keine besondere Erfüllung. Lernen und Neues entdecken hingegen, neue

Dinge erschaffen – diese Dinge erfüllen uns mit Spaß, Selbstbewusstsein und einem Gefühl von Selbstwirksamkeit und Macht. Hier können wir uns ausleben, können Kreieren und uns selbst verwirklichen, können unserem Spiel- und Entdeckungstrieb nachgehen. Statt also einen Abend vor dem Fernseher oder in einer Bar zu verbringen, empfiehlt Moore, freiwillig zu lernen, sich zu bereichern, das Erfolgserlebnis zu verspüren, wenn man etwas verstanden hat, sich selbst vor Augen führen, was alles in uns steckt.

Eine weitere spannende Aussage dazu finden Sie in einem anregenden Interview, das Stefan Frädrich mit Bodo Schäfer geführt hat. In diesem Gespräch berichtet Bodo Schäfer von einer Unterhaltung mit seinem Großvater. Dieser fragte den jungen Bodo: "Warum möchtest du reich werden?". "Weil ich frei sein will", antwortete Bodo. "Was bedeutet denn Freiheit für dich?" Und dann musste der junge Bodo nachdenken, bis er bemerkte, dass er für sich Freiheit als einen Zustand definierte, in dem er tun und lassen könne, was er will. Der erwachsene Bodo Schäfer sieht das heute ganz anders:

"Das ist aber so nicht. Sondern der freie Mensch ist in der Lage, das umzusetzen, was er sich vornimmt. Das ist ein riesen Unterschied. Sonst werde ich Freiheit missbrauchen, um einfach Quatsch zu machen im Leben. Verantwortliche Freiheit, also die Freiheit des Erwachsenen, bedeutet, dass ich in der Lage bin, dass ich mir einen Traum wirklich erarbeite und den dann auch lebe und genieße."

Vergessen Sie also Ihren alten Glaubenssatz, dass Freizeit und Freiheit immer "nichts tun dürfen" bedeutet. Wenn Ihr alter Job dazu geführt hat, dass Sie sich an einigen Tagen eher tot als lebendig fühlen, sehen Sie in Ihrer neuen Rolle als Lernender eine Chance auf Erfüllung und auf das tollen Gefühl, Dinge zu kreieren, die Ihre Mitmenschen berühren werden.

## Suchen Sie sich Hilfe

Einige von Ihnen werden auf die Inhalte dieses Buches blicken und sich denken: So einfach ist das aber nicht. Vielleicht haben Sie die Übungen gemacht, vielleicht haben Sie sich an alles gehalten, was Sie auf den vergangenen Seiten lesen konnten – und Sie sind dennoch nicht glücklich. Was bedeutet das für Sie?

Nun, wenn Sie lange in einem toxischen Umfeld gearbeitet haben, das bei Ihnen seelische und körperliche Schäden verursacht hat, dann reicht ein kleiner Perspektivwechsel oft nicht. Trotz aller Versuche: Die Zweifel bleiben, etwa beim ersten Blick auf den Gehaltscheck, bei Sprüchen von Freunden und Verwandten und bei anderen Widrigkeiten, die Ihnen nach einer beruflichen Neuorientierung begegnen werden. Die Tatsache dass Sie Ihren sicheren Weg verlassen und unsicheres Terrain betreten haben, löst auch nach Monaten noch Angst in Ihnen aus. Obwohl Ihnen die neue Tätigkeit Spaß macht und Erfüllung bringt, obwohl Sie vielleicht besser in Ihrem neuen Job sind als in Ihrem alten, erfüllen Sie Angst und Zweifel.

Nicht alle tiefsitzenden Zweifel und Ängste können wir mit Übungen in den Griff bekommen. Manchmal liegen unsere Ängste so tief, dass sie durch einen mutigen Schritt nur verstärkt werden, dann in schwierigen, mentalen Problemen enden und etwa Panikattacken und Angstzustände auslösen können.

Im Zweifelsfall erhalten Sie dann von Ihrem Umfeld den Rat, doch wieder in den alten Job zurückzugehen. Vielleicht hören Sie bestimmte Vorwürfe, die Sie weiter verunsichern: Sie seien selbst Schuld, immerhin seien Sie ja dieses Risiko eingegangen, anstatt sich einfach mit Ihrem alten Job zufrieden zu geben, so wie es jeder tut. Das Leben sei kein Ponyhof. Lassen Sie sich nichts einreden: Derartige Probleme haben Ihren Ursprung wahrscheinlich nicht in Ihrer aktuellen Entscheidung – sondern wurden nur durch diese verstärkt oder ausgelöst. Geben Sie daher nicht nach und kehren Sie nicht zurück zu Ihrem alten Job. Ich verspreche Ihnen, Sie werden sich nur noch stärker gefangen und eingeengt fühlen, denn nun ist besiegelt, dass Sie wirklich nicht ausbrechen können.

Panikattacken, Angstzustände oder eine Depression sind nichts, was Sie allein mit einer guten Perspektive und Optimismus heilen können. Suchen Sie sich daher gern professionelle Hilfe. Damit meine ich keinen Business Coach, sondern psychologische Hilfe. Psychologische Beratung oder eine Psychotherapie können Ihnen dabei helfen, den Wandel zu begehen und dabei Ihre Gefühle und Gedanken so zu managen, dass Sie lernen und nicht leiden.

Lassen Sie sich dabei kein Stigma einreden, auch wenn Sie Scham empfinden. Eine psychologische Begleitung in Anspruch zu nehmen ist etwas, das viele erfolgreiche Menschen tun, um wichtige Schritte in ihrem Leben gut und konstruktiv bewältigen zu können. Selbst wenn Sie den Schritt also erst einmal ohne Hilfe gehen wollen – sprechen Sie frühzeitig mit Ihrem Hausarzt oder machen Sie sich selbst auf die Suche, wenn Sie bemerken, dass Ihnen der Schritt schwer fällt und Symptome einer psychischen Belastung hervorruft.

## Das Ergebnis dieses Kapitels

Dieses Kapitel hat Sie über die Bedeutung alter Muster in einer neuen Umgebung aufgeklärt und Sie dafür sensibilisiert, dass wir oft neue Dinge mit altem Maßstab messen. Es beschreibt Ihnen die Vorteile davon, noch einmal "Neuanfänger" zu sein und legt Ihnen Möglichkeiten ans Herz, mit denen Ihnen das positive Bewerten der neuen Situation besser gelingt. Es legt Ihnen außerdem ans Herz, genau zu beobachten, ob die neue Situation psychologische Probleme offengelegt hat, die Sie mit einer professionellen Unterstützung behandeln können.

# 5 Nachwort

Ich hoffe, Sie haben das Buch als hilfreiche Unterstützung auf dem Weg zu Ihrem Traumjob wahrgenommen. Ich kann nicht wissen, ob es Sie tatsächlich zu Ihrem Traumjob gebracht hat. Egal, ob Sie mit der Hilfe dieses Buches nun ein neues Leben beginnen konnten oder nicht, ich möchte noch einige abschließende Worte an Sie richten.

Achten Sie darauf, welche Bücher Sie fesseln, achten Sie darauf, welche Fernsehhelden Sie feiern. Wieso lieben wir Rose und Jack aus dem Film Titanic, wieso sympathisieren wir mit Erin Brockovich, Tyler Durden, Indiana Jones oder mit James Bond? All diese Figuren sind Menschen, die aus dem Raster brechen, die es aufgeben, anderen zu gefallen, um sie selbst sein zu können, auch wenn das bedeutet, sich mit einer Menge Leute eine Menge Ärger einzuhandeln. Wenn wir diese Figuren als "cool" oder als "tough" beschreiben, dann meinen wir eigentlich "mutig".

Ich selbst war nie ein Fan von Komplimenten – viel zu oft habe ich sie als Instrument zum Manipulieren betrachtet. Nette Worte wie "Du siehst gut aus" oder "Du bist wirklich clever" haben mich aus diesem Grunde nie berührt. Aber ich erinnere mich an eine Autofahrt, morgens zur Arbeit, während der mein Freund etwas Besonderes sagte. Er sagte:

"Du bist mutig" – ein Kompliment, das ich nie vergessen werde.

Seien Sie mutig. Seien Sie mutig und brechen Sie aus dem aus, was man Ihnen beigebracht hat, lassen Sie hinter sich, was man von Ihnen erwartet. Es macht mehr Sinn, sich einen minimalistischen Lebensstil anzueignen, als seine monatlichen Fixkosten in die Höhe zu treiben und so in eine unbändige, undurchbrechbare, toxische Abhängigkeit zu geraten, in der Sie Zeit für sich, für Ihre Hobbys, Freunde und Ihre Familie gegen eine Tätigkeit eintauschen, die Ihnen keine Freude bereitet.

Lassen Sie mich Ihnen diese Wahrheit vor Augen führen, die mir selbst lange nicht klar war: Ein Job muss nicht grausam sein, um Ihnen Geld und Sicherheit zu bringen. Ein Starfrisör oder ein berühmter Bäcker, der für die Promis zur ersten Anlaufadresse wird, verdient genauso viel oder mehr als ein Angestellter im Mittleren Management eines großen Unternehmens. Ich verspreche Ihnen: Nichts treibt Ihre Karriere auf Dauer so nach vorn, wie wenn Sie wirklich das tun, für das Sie brennen.

In der Schule wird uns beigebracht, dass wir Regeln folgen sollen, die uns von einer Autorität auferlegt werden. Wenn wir diese Regeln nur gut genug befolgen, haben wir Erfolg – so lernen wir es. Menschen sind daher entlang ihres gesamten Lebens auf der Suche nach einer Autorität, die Ihnen sagen kann, was sie tun müssen, um endlich erfolgreich zu sein, endlich glücklich zu sein. Und dies ist wahrscheinlich auch der Grund, weshalb Sie dieses Buch gekauft haben. Die Wahrheit ist: Ratgeber können Ihnen Ideen geben, Tipps zurufen, eine Hilfe darstellen, an die Sie sich wenden können, wenn Sie nicht mehr weiter wissen oder Sie der Mut verlassen hat. Aber kein Weg ist vergleichbar. Ihr Weg sieht anders aus als meiner – und das ist gut und richtig. Gehen Sie den Weg mutig und wenn Sie Angst haben, gehen Sie den Weg mit Angst. Aber gehen Sie ihn.

Lassen Sie sich nicht von Geld und Angst regieren. Lassen Sie sich von keiner Autorität sagen, wer Sie sein sollen. Dass

Sie jedes Jahr mehr Geld verdienen sollten. Dass Sie eine Führungskarriere anstreben müssen. Wenn Sie Geld wollen, werden Sie der (oder die) Beste in Ihrer Passion. Wenn Sie Führungskraft werden wollen, arbeiten Sie daran, andere zu inspirieren. Aber verbringen Sie nicht unzählige Jahre Ihres Lebens in einem Beruf, der Sie nicht voll erfüllt.

Unser Leben ist dafür zu kurz, unsere Zeit zu kostbar, unsere Gesundheit zu wertvoll.

Ich wünsche Ihnen alles erdenklich Gute auf Ihrem Weg.

# 6 Zum Nachlesen

## Kapitel 1:

NTV Online (2016): Deutsche schlafen kürzer. Artikel vom 06. Mai 2016. Online: https://www.n-tv.de/wissen/Deutsche-schlafen-kuerzer-article17636761.html

Wirtschafts- und Sozialwissenschaftliches Institut der Hans-Böckler-Stiftung (2013): Zeitaufwand für Hausarbeit 2012/2013. Online: https://www.boeckler.de/109016.htm#

Meetup Deutschland: www.meetup.de

## Kapitel 2:

Prietzel, T. (2019): Jeder Dritte ist im falschen Job gefangen. Karriere.Blog. Online: https://www.karriere.at/blog/gefangen-im-falschen-job.html

DZHW (2018): Bildungstrichter: Die Aufnahme eines Hochschulstudiums hängt stark von der Bildung der Eltern ab. Pressemeldung vom 09.05.2018. Online: https://www.dzhw.eu/services/meldungen/detail?pm_id=1523

Arbeiterkind e.V.: www.arbeiterkind.de

Monster (2010): Der Traumjob bleibt für viele nur ein Traum. Pressemeldung vom 15.02.2010. Online: http://info.monster.de/15FebruarDerTraumjobbleibtfurvielenureinTraum-120403959/article.aspx

Spiegel Online (2017): So viel vom Einkommen geht für die Miete drauf. Artikel vom 13.09.2017. Online: https://www.spiegel.de/wirtschaft/soziales/deutschland-so-viel-vom-einkommen-geht-fuer-miete-drauf-a-1167391.html

### Kapitel 3:

Sgroi, D. (2015): Happiness and Productivity: Understanding the Happy-Productive Worker. SMF-CAGE Global Perspectives Series October 2015. Online: https://warwick.ac.uk/fac/soc/economics/staff/dsgroi/impact/hp_briefing.pdf

Proto, E. (2016): Are happy workers more productive? IZA World of Labor 2016: 315. Online: https://wol.iza.org/articles/are-happy-workers-more-productive/long

Bateman, T. & Organ, D. (1983): Job satisfaction and the good soldier: the relation between affect and employee "citizenship". Academy of Management Journal, 261: 587-595.

Judge, T., Thoreson, C., Bono, J. & Patton, G. (2001): The job satisfaction - job performance relationship: a qualitative and quantitative review. Psychological Bulletin, 127: 376-407.

Harter, J., Schmidt, F. & Keyes, C. (2003): Well-being in the workplace and its relationship to business outcomes: a review of the Gallup studies. In Keyes, C. and Haidt, J., editors, Flourishing: positive psychology and the life well-lived, pages 205 – 224. American Psychological Association, Washington, D.C.

DiMaria, C.H., Peroni, C., Sarracino, P. (2014): Happiness matters: the role of well-being in productivity. MPRA Paper No. 56983, 1. July 2014. Online: https://mpra.ub.uni-muenchen.de/56983/1/MPRA_paper_56983.pdf

KAPITEL 4, SCHRITT 1:

Wissenschaftliches Institut der AOK (2018): Fehlzeiten-Report 2018. Online: https://www.wido.de/publikationen-produkte/buchreihen/fehlzeiten-report/

Ben Ouattara Deutsch (2019): MACH EINFACH MAL NICHTS. Video vom 04.03.2019. Online: https://www.youtube.com/watch?v=7x01DWcyaC4

Frugalisten. Reicher leben: https://frugalisten.de/

KAPITEL 4, SCHRITT 4:

Stepstone: www.stepstone.de

Monster: www.monster.de

Indeed Deutschland: https://de.indeed.com/

Experteer Deutschland: www.experteer.de

LinkedIn Deutschland: www.linkedin.de

Xing: www.xing.de

Glassdoor Deutschland: www.glassdoor.de

Kununu: www.kununu.de

WorknSurf: https://www.worknsurf.de/

Machdudas: https://www.machdudas.de/

Fiverr International: https://www.fiverr.com/

Skillshare International: https://www.skillshare.com

Udemy: https://www.udemy.com

YouTube International: https://www.youtube.com

Industrie- und Handelskammer Deutschland: www.ihk.de

Deutscher Volkshochschul-Verband e.V.: www.volkshochschule.de

## KAPITEL 4, SCHRITT 5:

Christensen, C. M. (2012): How Will You Measure Your Life. HarperBusiness Verlag.

Tierney, J. (2011): Do You Suffer from Decision Fatigue? Artikel vom 17. August 2011. Online: https://www.nytimes.com/2011/08/21/magazine/do-you-suffer-from-decision-fatigue.html

Upbin, B. (2012): The Most Important Decision of Your Life You Make Every Day. Forbes Online. Artikel vom 08. Mai

2012. Online: https://www.forbes.com/sites/bruceupbin/2012/05/08/the-most-important-decision-of-your-life-you-make-every-day/#7481e66d32aa

Brankovic, M. (2015): Was passiert, wenn wir lernen? Artikel vom 30.06.2015. Online: https://www.srf.ch/wissen/lernen-gewusst-wie/was-passiert-wenn-wir-lernen

Gasser, P. (2010): Gehirngerecht lernen. Hep-Verlag

Roth, G. (2015): Aus Sicht des Gehirns. Suhrkamp Verlag.

Roth, G. & Strüber, N. (2014): Wie das Gehirn die Seele macht. Klett-Cotta. 6. Auflage.

Schwimming, S. (2015): Wie lange es wirklich dauert um eine Gewohnheit zu ändern. Online: http://routiniert.com/gewohnheit-aendern/

Duhig, C. (2013): The Power of Habit: Why We Do What We Do, and How to Change. Random House Books. 19. Auflage.

King, S. (2012): On Writing. A Memoir of the Craft. Hodder Paperbacks.

### Kapitel 4, Schritt 6:

Maslow, A. H. (1954): Motivation and Personality. Pearson Longman.

Keller, G. (2017): The One Thing: Die überraschend einfache Wahrheit über außergewöhnlichen Erfolg. Redline Verlag.

Allen, D. (2015): Getting Things Done: The Art of Stress-Free Productivity. Überarbeitete Version. Penguin Books.

Unbekannter Autor (2018): Die besten Geldspartipps zum Senken der Fixkosten. Artikel vom 24. Juli 2018. Online: http://www.geldwissen.com/die-besten-geldspartipps-zum-senken-der-fixkosten

Warnecke, A. (2016): Der Finanzwesen: Was Sie über Vermögensaufbau wirklich wissen müssen. Tradition Verlag. 1. Auflage.

Schippl, P. (2019): Haushaltsbuch führen – kompletter Einsteiger-Guide. Online: https://www.geldverstehen.de/haushaltsbuch-fuehren/

KAPITEL 4, SCHRITT 7:

WIX Deutschland: https://de.wix.com/

WordPress Deutschland: https://de.wordpress.org/

KAPITEL 4, SCHRITT 8:

Thier, K. (2006): Storytelling. Eine narrative Managementmethode. Springer. Heidelberg. Kapitel 1-2.

Weiland, K.M.: The Do's and Don'ts of Storytelling According to Marvel. Online: https://www.helpingwritersbecomeauthors.com/the-dos-and-donts-of-storytelling-according-to-marvel/

Dlugos, C.: Brand-Storytelling: Warum Marken eine Geschichte erzählen müssen. T3n Online. Artikel vom 13. Oktober 2017. Online: https://t3n.de/news/brand-storytelling-marken-866117/

### KAPITEL 4, SCHRITT 9:


Mischel, W. (2016): Der Marshmallow-Effekt: Wie Willensstärke unsere Persönlichkeit prägt. Pantheon Verlag, 4. Auflage.

Rudzio, K. (2015): Fragen Sie das Marshmallow-Orakel. Zeit Online. Artikel vom 17. Februar 2015. Online: https://www.zeit.de/zeit-wissen/2015/02/marshmallow-experiment-psychologie-walter-mischel

Held, M. M. (2015): Wie ein Marhsmallow die Zukunft vorhersagen kann. Artikel vom 18.03.2015. Online: https://www.t-online.de/leben/familie/erziehung/id_73306504/der-marshmallow-test-willensstaerke-belohnungsaufschub-und-die-entwicklung-der-persoenlichkeit.html


### KAPITEL 4, SCHRITT 10:


Unbekannter Autor (2016): How to deal with workplace culture shock in a new job. Graduateland. Artikel vom 18. Oktober 2016. Online: https://graduateland.com/de/article/workplace-culture-shock

Oberg, K. (1960): Cultural Shock: Adjustment to New Cultural Environments. In: Practical Anthropology, 7(4), 1960, S. 177–182.

Trespicio, T. (2015): Stop searching for your passion. Online: https://www.tedxkc.org/terri-trespicio/

O'Keefe, P., Dweck, C.S. & Malton, G.M. (2018): Implicit Theories of Interest: Finding Your Passion or Developing it? Psychological Science, 2018. Online: http://gregorywalton-stanford.weebly.com/uploads/4/9/4/4/49448111/okeefedweckwalton_2018.pdf

Moore, A. (2019): Focus on Learning and Creating, Not Entertainment and Distraction. Artikel vom 07. Juli 2019. Online: https://medium.com/the-ascent/focus-on-learning-and-creating-not-entertainment-and-distraction-ee512a67bef

GEDANKENtanken (2018): Die Gesetze der Gewinner // Bodo Schäfer Interview + Gratis Buch. Online: https://www.youtube.com/watch?v=3ncIljk9Keg&t=448s

# ÜBER DIE AUTORIN

Katharina van Poester ist Anthropologin und Publizistin. In ihren Veröffentlichungen befasst sie sich mit der Zukunft von Arbeit und mit Karrieregestaltung als Teil eines glücklichen Lebens. Vor diesem Hintergrund schreibt sie über neue Arbeitsmodelle und innovative Karrierewege innerhalb und außerhalb des Büros. Dabei berät sie Unternehmen und Einzelpersonen gleichermaßen.

# IMPRESSUM

Katharina van Poester wird vertreten durch:

Dr. Katharina Grimm
Felix-Dahn-Straße 4
81925 München

Printed in Poland
by Amazon Fulfillment
Poland Sp. z o.o., Wrocław

69305031R00103